U0079007

面對不愉快
你可以選擇

一笑置之

∷前 言∷

從前，有兄弟兩人，他們在同樣的家庭環境中長大，朝夕相處，但性格卻迥然不同。他們擁有同樣痛苦的成長經歷：父親酗酒、專橫、不負責任，並因此多次被捕入獄。兩兄弟長大後，哥哥變成酒鬼，輟學後結婚。他常常對家人拳腳相加，懶於工作並經常惹是生非，是警察局的常客。

一次，有人問他為什麼這樣為人處事，他回答說：「有這樣一個爸爸和這樣一段童年，我怎麼可能有另一種生活？」

弟弟克服各種問題和困難，堅持完成了學業。他也結了婚，卻變成了一個細心的丈夫與和善的父親，他還是一個對社會頗有貢獻的成功企業家。

一天，在被問及是什麼促成了他的成功時，他回答：「有這樣一個爸爸和這樣一段童年，我怎麼可能要那一種生活？」

你從生活中得到的「遺產」是什麼，你決定如何來使用它？沒有公式，更沒有法則。只有你自己決定自己的生活方式。在同樣的條件下，個人的選擇和決定非常重要，就看你從正面去選擇還是從另一面去選擇，選擇不一樣，結果就會迥然不同。

有人把人生的選擇比做是賭博，不管你是不是賭徒，有的時候還是不得不賭上一把，

前言

博上一次。雖然有時結果會很殘酷，因為人的一生中不會有誰是永遠的贏家。也許這有限的博弈，正是人生存在的價值所在。因為結果存在未知性，所以才會有了憧憬和期待。對於人生而言，結果已經不再重要，重要的是享受過程。儘管那個過程有時並不快樂，時常充斥著苦痛和艱辛，因此人生的態度才更顯重要。當危險到來時可以選擇冷靜，也可以選擇慌張；當失敗降臨時可以選擇振作，也可以選擇悲傷；面對挫折時有的人選擇退卻、有的人則選擇迎面而上。生命中最怕的就是迷茫，因為在迷茫中生命就像風一樣的飄失了。

有許多成功的人生或失敗的人生，並不在於他懂不懂或知不知道什麼方法讓人生更好。因為雖然方法很重要，但真正做出成敗決定的，在於一個人的選擇，一個人的決定。

我們所做的每一個選擇有大有小，但每日、每月所有的選擇的累積影響了你人生的結果。一個選擇對了，又一個選擇對了，不斷的做出對的選擇，到最後便產生了成功的結果；一個選擇錯了，又一個選擇錯了，不斷的做出錯的選擇，到最後便產生了失敗的結果。若想要有一個成功的人生，我們必須降低做錯誤選擇的機率，減少做錯選擇的風險。這就必須預先明確你人生中想要的結果是什麼。

人生的道路只有靠自己去思索和選擇。選擇好人生的目標，踏踏實實的做人，事業上兢兢業業，工作上精益求精，學習上勤奮鑽研，為自己的選擇去拚搏奮鬥，才能達到成功的彼岸。

contents

PART 1 選擇積極心態，改變消極心態

PART 2 人生應當有所為，有所不為

contents

PART 3
有捨才有得，其關鍵在於捨得放棄

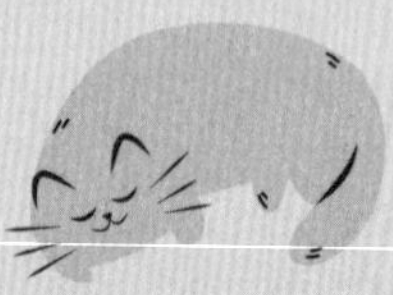

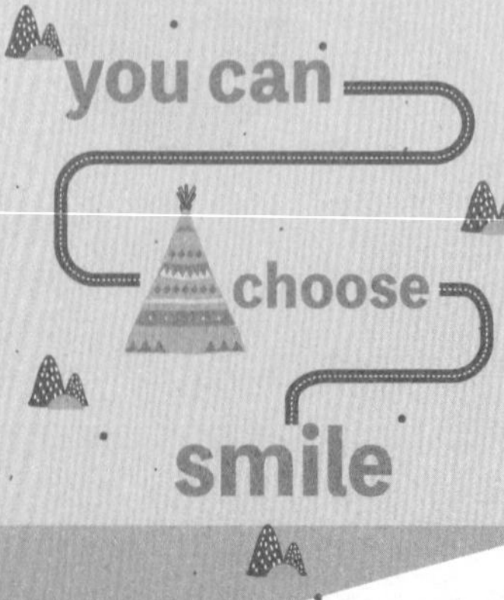

PART 4 處世要留有餘地，追求雙贏

面對不愉快
你可以選擇……一笑置之

chapter 1

選擇積極心態，改變消極心態

美國民權領袖馬丁．路德．金恩有句名言：「願上帝賜我鎮靜去接受我所不能夠改變的事，賜我勇氣去改變我所能夠改變的，賜我智慧於二者之間做出判斷！」

人有能力選擇和改善自己的環境，更能改善自己的心靈。一個人的處境是苦是樂常是主觀的。同樣一種生活狀況，你認為過得挺悲慘，但也有人自我感覺良好，活得自得其樂，這就是選擇的力量。

使你快樂或不快樂的，不是你有什麼，你是誰，你在哪裡，或你正在做什麼，而是你對它的想法。你從內心採取什麼樣的態度，就會獲得什麼樣的感覺和心情。

你所選擇的人生態度決定了你的前途

有哪一股力量可以幫助庸才變成人才，人才進步成天才？有哪一種方法可以給你力量去克服逆境，給你敏銳度抓住機會，給你提升智商的催化劑，給你發揮稟賦的加乘效果？答案是人生態度，積極進取的人生態度。

有專家在哈佛大學做了一個有趣的實驗。被試者包括三組學生和三組白鼠。專家告訴第一組的學生：「你們非常幸運，你們將訓練一組聰明的白鼠，這些白鼠已經經過智力訓練且非常聰明了。」接著，專家又告訴第二組的學生：「你們的白鼠是一般的白鼠，不是很聰明，但也不太笨。牠們最終將走出迷宮，不過不能對牠們有過高的期望。因為牠們僅有一般能力和智力，所以牠們的成績也僅為一般。」

最後，他告訴第三組的學生說：「這些白鼠確實很笨，如果牠們走到了迷宮的終點，也純屬偶然。牠們是名副其實的白痴，自然牠們的成績也將很不理想。」

後來學生們在嚴格的控制條件下進行了為期六週的實驗。結果顯示，白鼠的成績，第一組最好，第二組中等，第三組最差。有趣的是，所有作為被試的白鼠實際上都是從一般白鼠中隨機取樣並隨機分組的。實驗之初，三組白鼠在智力上並無顯著差異。

那麼為何會產生如此不同的實驗結果呢？顯然是由於實施實驗的三組學生對白鼠具有不同的態度，因此導致了不同的實驗結果。簡而言之，因為學生對白鼠具有不同的偏見，便產生了不同的態度，進而以不同的方式對待牠們。正是由於不同的對待方式導致了不同的結果。

學生們雖不懂白鼠的語言，但白鼠卻「懂得」人對牠的態度。可見，態度是一種通用的語言。

上述實驗後來又在以學生為對象的實驗中得到證實。該實驗是由兩位水準相當的教師分別給兩組學生教授相同的內容。所不同的是，其中一位教師被告知：「你很幸運，你的學生天資聰穎。然而，值得提醒的是，正因為如此，他們才試圖捉弄你。他們中有的人很懶，並將要求你少出家庭作業。別聽他們的話，只要你給他們出些作業，他們就能完成。你也不必擔心題目太難。如果你幫助他們樹立信心，同時傾注著真誠的愛，他們將可能解決最棘手的問題。」

另一位教師則被告知：「你的學生智力一般，他們既不太聰明也不太笨，他們具有一般的智商和能力。所以我們期待著一般的結果。」在該學年底，實驗結果顯示，「聰明」組學生比「一般」組學生在學習成果上整整領先了一年。其實在試驗中根本沒有所謂「聰明」的學生，兩組被試的全都是一般學生，唯一的區別就在於教師對學生的認知不同，導致了對他們的期望態度也不同，因而以不同的方式對待他們。

其中一位教師把這些一般的學生看作是天才兒童，就作為天才兒童來施教，並期望他們像天才兒童一樣出色的完成作業。正是這種特殊的對待方式，使得一般學生有了突出的進步。

你的態度決定了你的前途，你想著自己是什麼樣的人，你就會成為什麼樣的人。

PART 1

選擇積極心態，改變消極心態

樹立正確的自我觀念，開拓新的生活

不管我們是否瞭解，我們每個人都有一張心理的藍圖或一幅自己的畫像。在我們的知覺裡，這張圖像或許模糊不清；事實上，我們也可能不瞭解它。但是，這幅圖像卻是存在的，它完整詳細的擺在那裡。

所謂的自我心像，是「我是何種人」的自我觀念，是由我們的自我信念所塑造成的。

大部分的自我信念，都是從我們過去的經驗、成功、失敗、屈辱、勝利以及他人對我們的反應——特別是童年早期的經驗所形成的。由此，我們建造了自我。

就我們自身而言，自我的一項觀念或信念一旦繪進這幅畫裡，這種觀念或信念就變成真的，我們不會去懷疑它的效用，反倒會依照這種觀念或信念去行事。

普雷斯考特．萊基是自我心像心理學的一位先驅，他在這方面做了一項最早也是最令人心服的實驗。他認為個性是一組觀念系統，而各個觀念之間會互相牽繫，不符合此系統的觀念會被排斥，不被取信，也無法引導人的行為；與此系統相符合的觀念，則會馬上被採納。此觀念系統的中心物，亦即其理論的基石，就是個人的「自我理想」、自我心像，或是自我觀念。

身為教師，萊基得以有機會在成千的學生中實驗他的理論。萊基的理論認為：一位學生對某學科有困難，可能是因為他覺得這一學科不適合自己。萊基相信，只要能改變這個學生潛伏著的自我觀念，他對此科的態度一定會因之轉變；只要能誘導這位學生改變他的自我定義，他的學習能力也會改變過來。

有位學生在一百個詞內拼錯了五十五個字，因此整個學科的成績受到了影響，喪失了一學年的學分；但是第二年，他得到平均九十一分的成績，成為全校的拼寫冠軍。

另一位男生因成績太差差點被勒令退學，進入哥倫比亞大學後，他的成績卻一直保持平均九十多分。一位女生的拉丁文四次不及格，經過學校心理顧問三次約談後，卻以八十四分的成績通過……

這些學生的問題，並不在於他們的遲鈍或基本能力的缺乏，而是在於他們自我心像的不適合（「我沒有數學頭腦」，「我本來就是差勁的拼寫者」）。他們認為錯誤與失敗是必然的，不說：「那次考試我沒通過。」（敘述的、事實的）；卻說：「我是個『失敗者』。」

自我心像是一個前提、一個根據、一個基礎，由此而引發個人的整個個性、行為，甚至環境。我們的體驗，似乎是要證實並加強我們的自我心像。所以，一個謬誤的循環或有利的循環，也因之而建立起來。

心理學方面的研究發現，一個人無論年紀大小，都可以改變他的自我心像，並借此開拓新的生活。一個人的習慣、個性和生活方式之所以難以改變，其理由之一是：他從事改變的努力，幾乎都只在自身的圓周上，而沒有在圓心上。

很多人說：「以前我也嘗試過『積極思考』，可就是無效。」經過進一步的瞭解，心理學家發現，這些人雖曾運用或試圖運用「積極思考」，以改變外在的境況，或革除特殊的習慣或個性缺點（「我要得到這份工作」、「此後我要冷靜點、輕鬆點」、「我的事業將會變得一帆風順」等等），但是他們從沒想到要改變使他產生上述心願的自我心像。

為了開始新的生活，你首先要改變自我觀念；自我觀念一旦改變，與其相關的其他事物，都可以迎刃而解。

選擇樂觀的心境，選擇積極的心態

幾乎所有的成功學大師都強調，樂觀是一種積極優良的心態。心理學家馬丁．賽格曼創造了「樂觀成功論」，即具有樂觀精神的人，更容易獲得成功。

他曾對某公司新招收的五千名推銷員進行樂觀心態的測試。有幾位員工在公司的常規知識測試中不及格，而在樂觀素質測試中得了最高分。他稱這幾位是「超級樂觀者」。經跟蹤調查，他們在第一年的推銷量比那些「悲觀者」多百分之二十，第二年竟高出百分之五十七。自這以後，該公司即將「賽氏測試」作為招聘新員工的主要測試手段。

樂觀的心境有利於開發人的創造力。樂觀是積極的肯定自我，是緊緊的抓住現在。我們要讓昨天所有的不快、失落化為雲煙，只留下經驗教訓做今天快樂的基石；要把對明日的憂心忡忡全部拒之門外，只讓美

好的嚮往為今日的快樂增添色彩。人只有保持樂觀時，才會有完整的自我、積極的創造，才會有青春的永保、魅力的永恆。

寧願做一個樂觀的失敗者，也不要做個雖獲得成功但憂心忡忡的人。因為樂觀是無價的，情緒好的敗將就有機會東山再起，而能推動他人前進；但無法調動起自己積極情緒的人，就算能獲致一時的成功，也無法長久保持下去，顯然不值得傚法。

在沉重的打擊面前，需要有處世不驚的樂觀心態，這樣就能戰勝沮喪，化坎坷崎嶇為康莊大道。你可能一時丟掉了原本屬於你的東西，或是毀了一次機會，但是，在精神上絕不能消沉。冷靜而達觀，愉快而坦然，是成功的催化劑，是另闢蹊徑、迎接勝利的法寶。

一天，美國作家拉馬斯．卡萊爾的《法蘭西革命》一書手稿被女僕誤作為引火材料燒燬了。

幾年辛勞，付諸東流。一時之間，卡萊爾不免捶胸頓足。沒多久，他那了不起的心理承受力、對滅頂之災釋然一笑的樂觀胸襟，使這位作家跨越了危機，重新振作起來。後來，他重新一字一句的寫完了這本書。

PART 1

選擇積極心態，改變消極心態

此書為大眾認可，成了經久不衰的名著。

一個人要能自在自如的生活，心中就需要多一份坦然。笑對人生的人比起在曲折前悲悲戚戚的人，始終堅信前景美好的人較之心頭常常密布陰雲的人，更能得到成功的垂青。樂觀的人，最顯著的性格特點就是天性愉快、樂觀、友愛，對前途充滿希望，值得信賴。他們見識非凡，目光敏銳，他們最先突破厚厚的烏雲看到了一束亮光。他們善於從目前的災禍中看到未來的希望；當疾病纏身的時候，他們知道經過自己的努力，身體終會恢復；在生活的艱苦磨練中，他們學會了遵守紀律，善於改正錯誤，總結經驗教訓；在痛苦和挫折面前，他們總是鼓起勇氣，從不退卻。

正是在與困難和挫折奮鬥的過程中，他們學到了許多知識，懂得了生活之艱辛。一個能夠在一切事情不順利時含著笑的人，比一個遇到艱難就垂頭喪氣的人，更具有勝利的條件。不管是否順利，有些人總愛以頹喪的心情，憂鬱的情緒，來破壞、阻礙他們生命的歷程。

其實一切事情，全靠我們的勇氣和信心，我們樂觀的生活態度。如果一遇到不順利的事情，就放任頹喪、懷疑、恐懼、失望等情緒控制自己，我們經營多年的事業就會受到破壞。

一個人的樂觀程度往往在他的成功道路上扮演重要的角色，因為樂觀是最大的動力。

樂觀是指面臨挫折仍堅信情勢必會好轉，是讓困境中的人不致流於冷漠、無力感到沮喪的一種心態。樂觀程度不同，一個人所發揮的潛力也不一樣。即使是同一個人，在他樂觀的時候所做出的成績常常是他悲觀時的數倍。

這是因為樂觀的人一般具有強烈的、積極的動機，這種動機是獲得成功的最有效的因素，它可以把一個人的興趣、熱情、自信和其他能量調動起來，形成整體效應，使行動的效果達到最佳。

性格上的樂觀和開朗可能是與生俱來的，但即使是生性內向悲觀的人，透過努力和訓練，完全有希望成為活潑開朗、充滿信心的人。當然，每個人的樂觀程度是不盡相同的。有的人對開創局面、擺脫困境、解決難題、實現目標總充滿信心；而有的人則總覺得自己缺乏完成工作、達到目標的能力、條件或辦法，消極的由別人支配。

美國心理學家斯尼德領導的一項研究裡，提出下面一個問題讓人回答：「如果你原定的目標是八十分，但一星期前發下來的第一次成績卻只有六十分，這項成績將占學期總成績的百分之三十，你打算以後怎麼辦？」

對這個問題的回答結果差異很大，但可以分為三個層次：最樂觀的學生打算更加努力，想盡各種彌補的辦法去達到目標；較為樂觀的學生也打算想出一些方法加以補救，但實施方法、付諸行動的決心不夠；悲觀的學生則放棄繼續用功，並表現出一事無成的頹廢樣子。

斯尼德還發現，學生的這種樂觀性與他們的學習成績有著非常高的相關性，甚至比傳統上最具權威的SAT入學測驗更加準確的預測其今後的成績。特別是智力相當的學生中，樂觀性高的學生成績往往遠遠高出樂觀性低的學生。其原因是，樂觀的學生會確定較高的奮鬥目標，並且懂得怎樣努力去實現目標。

研究人員還發現，決定樂觀的一個重要指標是希望，即不管是什麼目標，充分相信自己具有實現目標的能力和辦法。希望不僅能減輕痛苦，而且對一個人的學習、工作、生活起著至關重要的作用，並且使你在各個方面佔據更大的優勢。樂觀讓處於困境中的人避免產生消極、軟弱、沮喪的情緒，樂觀和自信一樣使我們更為順利的走過人生的旅途。當然，我們的樂觀不應當是盲目的、太天真的，否則就會產生可怕的後果。

儘管愉快的性格主要是天生的，但正如其他生活習慣一樣，這種性格也可以透過訓練和培養來獲得或得到加強。我們每個人都可能充分的享受生活，也可能根本就無法懂得生活的樂趣，這在很大程度上取決於我們從生活中提煉出來的是快樂還是痛苦。我們究竟是經常看到生活中光明的一面，還是黑暗的一面，這在很大程度上決定著我們對生活的態度。

任何人的生活都是兩面的，問題在於我們自己怎樣去審視生活。我們完全可以運用自己的意志力量來作出正確的選擇，養成樂觀、快樂的性格，而不是相反。樂觀、豁達的性格有助於我們看到生活中光明的一面；即使在最黑暗的時候，也能看到光明。

改變悲觀想法，減少生活中的挫折感

你是不是常常這樣想：「事事總是不如我願。」「我一定無法準時做好的。」「我老是把事情弄得一團糟。」要是你的思想灰暗悲觀，你的一生也注定會是如此，因為你那些消極洩氣的話根本不能給你什麼支持鼓勵，只會打擊你的自信心。

要想心情好，做事順利，減少生活中的挫折感，凡事就得要向好的方面想。下面是一些可行的方法：

一、客觀的分析憂慮和害怕的事

蘇珊第一次去見她的心理醫生，一開口就說：「醫生，我想你是幫不了我的，我實在是個很糟糕的人，老是把工作搞得一塌糊塗，遲早會被辭掉的。就在昨天，老闆跟我說我要調職了，他說是升職。要是我的工作表現真的好，為什麼要把我調職呢？」

可是，慢慢的，在那些洩氣話背後，蘇珊說出了她的真實情況。原來她在兩年前拿了個工商管理碩士學位，還有一份薪水優厚的工作。這哪能算是一事無成呢？

針對蘇珊的情況，心理醫生要她以後把心裡想到的話記下來，尤其在晚上睡不著覺時想到的話。

在他們第二次見面時，蘇珊列下了這樣的話：「我其實並不怎麼出色。我之所以能夠冒出頭來，全是僥倖。」「明天定會大禍臨頭，我從沒主持過會議。」「今天早上老闆滿臉怒容，我做錯了什麼呢？」

她承認說：「單在一天裡，我列下了二十六個消極思想，難怪我經常覺得疲倦，意志消沉。」蘇珊把自己憂慮和害怕的事念出來，才發覺自己為了一些假想的災禍浪費了太多的精力。

如果你感到情緒低落，可能是因為你也像蘇珊那樣，老是在給自己灌輸消極的信息。如果是這樣，建議你聽聽自己內心在說的話，把這些話說出來或寫下來。久而久之，你就會發現許多消極念頭都是多慮，你便能控制自己的思想，而不是被思想套牢了。到了那個時候，你的思想和行動也會改變。

二、剔除自我評價的消極字句

芙蘭在心裡常常對自己說：「我只是個祕書。」馬克則常提醒自己：「我僅僅是個推銷員。」「只是」和「僅僅是」這些字眼不但貶低他們的工作，也貶低了他們自己。

把消極的字眼剔掉，你便能找出你給自己帶來的損害。對芙蘭和馬克來說，「只是」和「僅僅是」正是罪魁禍首。一旦這些字眼剔除掉了，變成「我是個推銷員」或「我是個祕書」，它們的含義就大為不同，而且在後面還可以接上一些積極的話，例如「我可以做得比別人好些」，這樣你對生活就會充滿信心。

三、果斷的打消消極的想法

只要消極的想法一出現，你就應該用一句「停止」的口令，把它打消。在理論上，叫停很容易辦得到，但實際上做起來可並不那麼簡單。你必須堅毅並不屈不撓，才能奏效。

文森二十多歲，未婚，在一家大公司擔任行政主管，工作勤奮。他小時候母親過世，由父親撫養成人。父子倆相處得很融洽，但他父親對他事事呵護備至，給文森填了滿腦子的憂患意識。文森長大後也這樣，以致凡事都要憂慮一番。

他很傾慕同部門的一位女同事，很想約她外出。但他的疑慮使他躊躇不前：「跟同事約會是不大好的。」「要是她不答應，那教人多麼難為情。」

後來文森遏止了內心的憂慮，向她提出約會，她說：「文森，為什麼你等那麼久才來約我？」

四、不去想令人心煩的事

有年輕的母親這樣述說她自己的體驗：「每天晚上，我躺在床上總是睡不著，思潮起伏：『我對孩子是不是太嚴苛？』『客戶打來的電話我回了沒有？』」

「最後，我實在忍受不住了，乾脆不去想令人心煩的事，而是回想和孩子在動物園一起度過的快樂時刻，我記得她對著猩猩大笑的樣子，不久我腦海裡全是些美麗回憶，我也跟著進入夢鄉。」

盡量不去想令人心煩的事，你才會輕鬆快樂起來。

五、改變自己的思考方向

你可曾有過這樣的經驗：一天下來，你感到不大開心，但突然有人對你說：「我們出去逛逛吧？」你的心情定然立即豁然開朗起來。

改變思考方向，心境也會輕鬆起來。現在就把自己的思考方向改變一下。你精神緊張是因為有項龐大工作必須在星期五完成，而你打算在星期六和朋友一起去買東西。那麼就把自己的心情由「星期五的工作」轉為「星期六的尋樂」吧！你應該多練習這種技巧，把痛苦焦慮的心情轉化為積極解決難題的態度。要是你搭飛機老擔心發生空難，那麼就在飛機起飛或降落時，專心觀察機場附近燈火和道路織成的圖案；在飛行途中，想一些地面上能分散你精神的事情。

改變你的思考方向，你便能學會從不同的角度來看自己和周圍的事物；要是有一件事你認為是做得來的，改變思考方向可增加你的成功機會。記住：憂慮會使你陷於困境，而處事樂觀會推動你向前。

從內心做正確選擇，你就能獲得快樂

美國著名成功學大師卡耐基指出：「你的快樂與否正是你的生活態度造成的！」

很多人都曾經思考過這一問題：人生的快樂來源於哪裡？代表了一代人夢想的拿破崙，在他得到了世界上絕大多數人渴望擁有的榮耀、權力、金錢時，他卻說：「我這一生從來沒有過一天歡樂的日子。」多重障礙人士海倫．凱勒，又聾、又瞎、又啞，但她卻表示：「生活是這麼美好。」

心理學理論告訴我們：以為自己處於某種狀態並採取相應的行動，這種狀態就會愈發明顯。有些小孩本來不很難過，但一哭起來，卻越哭越傷心，就是這個道理。當你認為自己很可憐，讓痛苦爬滿額際，你的生活就會真的很痛苦；而如果你相信自己很快樂，並且快樂的去生活，那麼你的生活也就真的很快樂。快樂的神泉就在你心中，它取之不盡，用之不竭。

著名教育家巴士卡里雅曾去訪問一家孤兒院。面對著一個失去雙親、而又癱瘓在輪椅中的小孩，巴士卡里雅同情的問：「你會做什麼？」

小孩天真的回答：「我會吐口水！」隨即「呸」的吐出一口口水。

巴士卡里雅看在眼裡，嘴裡說著：「太神奇了！你不覺得神奇嗎？口一張口水就吐出去了！」

他感慨的想：只要你對生活充滿愛意，無時無刻你的身邊都會有許多神奇的東西供你享受，就連天上的蜻蜓在飛，小鳥在鳴，地上的小孩嬉戲，你都會感到新奇。只要我們好好的珍惜，付出自己的愛意，這些生活的點滴，就會像一篇美妙的樂章，在我們的周身流淌。我們應該認識到：使你快樂或不快樂的，是你對它的想法。

有一個美國人把車開到一個加油站去加油。那天天氣很好，他也感覺很舒服。

當他走到加油站，有個年輕人站在那兒，突然的問了一句：「你身

體好不好？」

他說：「我覺得很好啊。」

「你好像有病！」年輕人說（這個年輕人既不是醫生，也不是男護士）。

他回答了年輕人，這一次可能沒有前面一樣自信了：「我覺得很好啊！我再好不過了。」

年輕人堅持說：「你看起來並不太好。你氣色不對。你臉上黃黃的。」

他開車離開了那個加油站，車還沒開到下一個交叉路口時，他停下車來看看鏡子裡到底是怎麼一回事！

他回到家中還是繼續尋找臉黃的原因，他想：我的肝可能有問題，我可能病了自己還不知道。為此他感到有些焦慮。

但第二次他到那個加油站時，找出了問題之所在：他們把加油站噴上暗黃色的油漆，每個到那裡去的人都變成了黃臉的樣子。

事後，他認識到：他竟然讓一個完全不認識的陌生人把他那天餘下時間的態度完全改變了。別人對他說他好像生病了，他就真正感到有病了！一個人的思想能有這麼大的力量，真是難以想像的。

生活中我們不難發現，兩個人處境相同，做同樣的事情；兩個人都有著大致相等數量的金錢和聲望——然而，其中之一落落寡歡，另外一人則歡欣愉快。什麼緣故？心理態度不同的關係。記住：「使你快樂或不快樂的，不是你有什麼，你是誰，你在哪裡，或你正在做什麼，而是你對它的想法。」

及早戰勝自卑，獲得足夠的自信心

自信是所有成功人士必備的素質之一。要想成功，首先必須建立起自信心。下面是幾點值得借鑒的有助於加強信心的一些建議：

一、分析自卑原因

首先，你應觀察自己的自卑感是由什麼原因造成的。

你會發現原來自己的自我主義、膽怯心、憂慮及自認比不上他人的感覺，可能小時候就已存在；而你和家人、同學、朋友之間的磨擦，往往是由自卑的消極心態造成的。

若對此能有所瞭解，則你就等於已踏出克服自卑感的第一步了。透過全面、辯證的看待自身情況和外部評價，你應該認識到，人不是神，不可能十全十美，存在一些缺點和不足是難免的。

人的價值追求，主要體現在透過自身智力，努力達到力所能及的目標，而不是片面的追求完美無缺。對自己的弱項或曾經遇到的挫折，持理智的態度，既不自欺欺人，也不將其視為天塌地陷的事情，而是以積極的方式應對現實，這樣便會有效的消除自卑。

二、寫下自己的才能與專長

你不妨將自己的興趣、嗜好、才能、專長全部列在紙上，這樣，你就可以清楚的看到自己所擁有的東西。

另外，你也可以將做過的事製成一覽表。比如：你會寫文章，記下來；你善於談判，記下來；你會演奏幾種樂器，你會修理機器等，都可以記下來。知道自己會做哪些事，再去和同年齡其他人的經驗做比較，你便能或多或少增加一些自信。

三、面對自己的恐懼

請牢記，對自己絕不可放縱，你應正視自己的問題，從正面去試試解決。比如：你害怕在大庭廣眾前發表意見，就應多在大庭廣眾前與人交談；如果你為了待遇低的問題想找上司談判，但因心生膽怯，事情一拖再拖，一直無法獲得解決，建議你不妨一鼓作氣走到上司的辦公室，開門見山的要求上司適當的給你增加一些工資，結果可能會比你想像的要好。因此，如果你現在心裡有尚未完成而需要完成的事，切勿遲疑，趕快展開行動吧！

四、努力補償

你應該透過努力奮鬥，以某一方面的突出成就來補償生理上的缺陷或心理上的自卑感。有自卑感就是意識到了自己的弱點，就要設法予以補償。強烈的自卑感，往往會促使人們在其他方面有超常的發展，這就是心理學上的「代償作用」。就是透過補償的方式揚長避短，把自卑感轉化為自強不息的推動力量。

解放黑奴的美國總統林肯，補償自己不足的方法就是通過教育及自我教育。他拚命自修以克服早期的知識貧乏和孤陋寡聞，他在燭光、燈光、月光前讀書，儘管眼眶越陷越深，但知識的營養卻對自身的缺乏作了全面補償，最後使他成了有傑出貢獻的美國總統。貝多芬從小聽覺有缺陷，但耳朵全聾後，他還克服障礙寫出了優美的《第九交響曲》。

許多人都是在這種補償的奮鬥中成為出眾的人的。在通往成功的道路上，不必為「自卑」而彷徨，只要把握好自己，成功的路就在腳下。

五、投入工作

將注意力轉移到自己感興趣，也最能體現自己價值的活動中去。可經由書法、繪畫、寫作、製作、收藏等活動，淡化和縮小弱項在心理上的自卑陰影，緩解心理的壓力和緊張。

每當做好一件工作，你便能獲得進一步的信心；而有了信心，又可為你帶來物質上的報酬，使你獲得別人的讚美，進而得到心理上的滿足。這些連續美好的反應，是讓你走上成功的推進器，使你爬得更高，看得更遠，徹底發揮所長，並獲得自己想要的事物。

六、選擇自己可以接受的限制

有些天生的限制我們無法改變。假如你是色盲，就不應該懷有成為一個優秀畫家的不切實際幻想。對待這種情況，明智的辦法是去發展自己不受限制的大腦，在其他方面努力去取得傑出的成績。

我們應該認識到，自信不過是一種感覺，如果你用肯定的態度去對待，久而久之它就會變成一種實在的行動。而其他人的意見或者自己的懷疑則經常會讓你對自己的能力產生懷疑。最好的辦法就是不管別人怎麼說，自己盡可能的去嘗試。

嘗試越多，便對自己的限制瞭解得越清楚。自己的選擇就會更加切近實際。自己能做什麼不能做什麼逐漸分曉，自信心自然會增加。

七、突出自己的優勢

贏家永遠都知道突出自己的優勢，並把自己的主要精力用在這上面。大家都有過類似的經歷，當與別人一起交流時，如果涉及的是自己的專業，誰都會滔滔不絕，似乎是此道專家。為什麼？那畢竟是自己的優勢，自信心便油然而生。

天才畢竟還是少數，因此，我們每個人都應該發現自己的優勢，進而把它擴大化。不用多久，自信心便會大增。

八、從挫折中奮起

受過挫折和有過艱難經歷是一種財富，只有那些什麼也不做的人才不會有挫折。當然，自信不會來自挫折本身，但失敗和挫折能夠教給人許多有用的東西。而這些東西一旦被你所牢記，日後便成了巨大的財富。

俗話說：「失敗為成功之母。」沒有人為失敗而失敗，所有人都是為成功才嘗到失敗的滋味。從失敗和挫折中汲取有用的經驗和教訓，必將增強你的自信心。

九、虛心展望未來

一個自大的人遲早會嘗到失敗的滋味。許多人在奮鬥的道路上面對艱難毫不畏懼，可一旦實現理想卻又被成功腐蝕。他們會忘了自己的從前，而看不起不如他們的人。

那些經常談論自己成就和能力的人，恰恰是一些缺乏自信心、沒有安全感的人。那些一味沉浸在從前的輝煌中的人，是無法再找回自信的。

只有不斷迎接挑戰，虛心展望未來的人，才能不斷增強自信。你若想在自己內心建立信心，即應像灑掃街道一般，首先將相當於街道上最陰濕黑暗之角落的自卑感清除乾淨；然後再種植信心，並加以鞏固。信心建立之後，新的機會就會伴隨而來。

以樂觀的心去注意生活的光明面

如果我們心情豁達、樂觀，我們就能夠看到生活中光明的一面，即使在漆黑的夜晚，我們也知道星星仍在閃爍。一個心境健康的人，就會思想高潔，行為正派，就能自覺而堅決的摒棄骯髒的想法，不與邪惡者為伍。我們既可能堅持錯誤、執迷不悟，也可能相反，這都取決於我們自己。

很久以前，為了開闢新的街道，倫敦拆除了許多陳舊的樓房。然而新路卻久久沒能開工，舊樓房的廢墟晾在那裡，任憑日曬雨淋。

有一天，一群科學家來到這裡，他們發現，在這一片多年來未見天日的舊地基上，這些日子裡因為接觸了春天的陽光雨露，竟長出了一片野花野草。

奇怪的是，其中有一些花草卻是在英國從來沒有見過的，它們通常只生長在地中海沿岸國家。

這些被拆除的樓房，大多都是在古羅馬人沿著泰晤士河進攻英國的時候建造的。這些花草的種籽多半就是那個時候被帶到了這裡，它們被壓在沉重的石頭磚瓦之下，一年又一年，幾乎已經完全喪失了生存的機會。但令人感到意外的是，一旦它們見到陽光，就立刻恢復了勃勃生機，綻開了一朵朵美麗的鮮花。

人的生命也是如此。一個人，不管他禁受了多少打擊，也不管他經歷了多少苦難，一旦愛的陽光照耀在了他的身上，他便能治癒創傷，便能重獲希望，便能萌生出新的生機——哪怕是在荒涼惡劣的環境裡，也依然能夠放射出自己的光和熱。

許多天才式的人物都是樂觀、豁達、心地坦然的人。他們蔑視權貴、淡泊名利，善於享受真正的生活，善於發掘蘊藏在生活中的無窮快樂。像荷馬、賀拉斯、維吉爾、莫雷拉、莎士比亞、塞萬提斯等等都是樂觀豁達的人，在他們的偉大創造活動中洋溢著一種健康、寧靜的快樂。

像這樣心地快樂、本性寬厚的人還有路德、莫爾、培根、達文西、拉法葉和米歇爾．安吉羅等等。他們之所以總是充滿著幸福和快樂，也許正是由於他們總是忙於從事各種最快樂的工作——他們那富有的心靈總是充滿著創造的活力。

彌爾頓一生歷盡無數的艱難困苦，但他始終樂觀、爽朗。他的眼睛意外的失明了，他的朋友背棄了他，他連遭凶險，「前途一片黑暗，令人毛骨悚然的危險聲音在前面吼叫」，但彌爾頓一點也沒有失去希望和信心，而是「振作起來，勇往直前」。許多偉大的科學家都是十分勤勞、富有耐心而又樂觀豁達的人。像伽利略、笛卡爾、牛頓和拉普拉斯都是這樣的人。

這個世界是我們自己創造的，因此，它屬於我們每一個人。而真正擁有這個世界的人，是那些熱愛生活、擁有快樂的人。也就是說，那些真正擁有快樂的人，才會真正擁有這個世界！

學會調節自己的情緒，獲得更多愉快

一個人是否快樂，會影響到他的人際交往方式：快樂的人總是喜歡和別人在一起，也比較容易忍讓；而心理壓抑的人則經常獨自待著或攻擊別人。所以，保持愉快的情緒是一個人健康成長的條件之一。

人的情緒狀態和人體的生理變化有著緊密的聯繫。研究者透過實驗發現，情緒可直接影響交感與副交感神經系統的功能。比如：人在激動、緊張時，會出現心跳加快，血壓上升，呼吸急促，胃腸道活動受到抑制；恐懼時可見呼吸暫時中斷，臉色發白，出冷汗；悲傷時則胃腸道蠕動和消化液的分泌都減少，引起食慾減退；而在心情愉快時，胃腸道蠕動和消化液分泌都會增強。

情緒還會導致內分泌的改變。一個人如果長期處於某種消極的情緒狀態，如壓抑、緊張、悲傷中，體內的正常生理活動就會被打亂，生長發育也會受到一定的影響。

一個人的情緒狀態還會影響他的各種活動。如果某種活動與愉快的情緒體驗聯繫在一起，你就很樂意參加，而且有興趣；反之，則會引起你的厭惡和拒絕。

每個人都會有情緒高漲和低落的時候，當情緒高漲、興致盎然的時候，不管做什麼事情都會自然而然的顯出一份自信；當情緒低落、興趣全無的時候，就算面對最有意思的事情也提不起精神。雖然說這是一件非常自然的事情，但是，一個人，尤其是一個負責任的人是不可以由著自己的情緒做事的，必需的時候必要壓下情緒做事。

因此，在生活中，我們要學會調節自己的情緒。具體可從以下幾個方面來努力：

一、不要過於看重一些小事

在生活中要學會該放的放，該捨的捨。生活中有很多事情可以做，不需要把所有的事情都放在心上。要學會客觀的看待事物，把自己的視野放得更遠一些。

二、不要把煩惱放在心裡

有些人一旦有了煩惱，就只會把煩惱放在心裡，不會說出來，這樣做是不好的。如果在自己煩惱的時候找一個人談談，或是把煩惱和朋友說說，這對自己是有幫助的。

三、聽聽音樂，活動一下身體

當人在心煩的時候，聽上一段美妙的音樂，就可以讓人的心情非常舒暢。音樂可以淨化的心靈，讓浮躁的心安靜下來。因此，多聽一些音樂，可以讓人心胸開闊，忘掉煩惱。

鍛鍊身體也可以振奮精神，調節情緒。心裡煩躁時出去打打球、跑跑步是很有必要的。騎車、划船、郊遊是改變心境的好方法。那美麗動人的自然風光，那沁人心脾的空氣，都可以使人心情豁然開朗，將一切煩惱拋在腦後。

四、要學會轉移注意力

如果心煩意亂，就不要再想勾起煩惱的人或事，就要盡量轉移注意力。當自己陷入苦悶、煩惱中的時候，就不要再想那些煩惱的事情了，可以聽聽音樂、看看電影、翻翻畫冊，上上網，回憶一下自己最幸福、最高興的時刻，把消極情緒轉移到積極情緒上去，沖淡以至忘卻煩惱，使情緒逐步好轉。一旦學會了將自己的注意力轉移，那麼，煩惱就會減輕很多。

五、要學會換位思考

當和別人發生了矛盾，產生了不滿、敵對、嫉妒等強烈情緒時，如果能換位思考，和對方調換一下角色，想一想假如自己是對方該怎麼辦，就容易理解對方的做法，進而改變一些自己的原有看法，減輕消極情緒。

其實，每個人都要有自知之明，要認識到自己的長處和短處，要站到對方的角度上想問題，學會換位思考。在生活中，對別人不能要求太高，要學會諒解、謙讓。這樣在遇到問題時就能正確對待，就不會生一些不該生的氣，在非原則問題上就能在心中大事化小，小事化了，免於動氣。

六、學會冷靜的對待問題

感情表露是人修養的外在表現。對事物要客觀的認識，心胸開闊，不為一點小事而動怒。有修養的人遇到問題，不會火冒三丈，大發雷霆；而是沉著、冷靜，心平氣和，即使自己有理，也能讓三分。因為他們心有全局，有他人。而那些修養差的人、患得患失的人、領袖慾強的人、好為人師的人、狂妄自大的人、固執偏見的人和自以為是的人，往往會因為妨礙滿足個人利益的事而動氣。提高修養，提高知識水準，是克服愛生氣毛病的根本所在。

七、找出煩惱的根源

當然，從根本上解除煩惱還需要對症下藥，找到引起煩惱的根源，從思想上或實際上加以解決。如果是因為自己的期望太高而煩惱，就要降低期望，能滿足就不煩惱了；如果是因為和同事爭吵而煩惱，就可以主動和談，解除矛盾之後就不會心煩了。總之，如果把引起煩惱的病根消除了，煩惱也就可以迎刃而解了。

八、避免衝動行事

要生氣的時候，要立即採取一些節制措施。比如：當自己覺得要發脾氣時，就要趕快提醒自己，現在應該控制一下自己的情緒了；當遭遇

到讓人生氣的情景時，不妨試試延緩十秒鐘再爆發，可以慎重考慮一下，如果現在生氣會帶來什麼後果，要避免衝動行事。

如果遇到一些自己不以為然的事，不強迫自己去喜歡，可以不喜歡它，但沒必要非生氣不可。要隨時提醒自己，別人有權選擇他自己的事，就像你有權堅持自己的選擇一樣。

用寬廣的眼光看待人生

一位學者說：「一切不幸福、不快樂的感覺就像疾病一樣，有違我們的本性。」我們隨處都能看到一張張焦慮、愁眉緊鎖、快樂不起來的面孔，這些剝奪我們幸福、阻礙我們前行腳步的敵人原本可以不存在。

不要根據你當時面臨的那些小小的困難而評估你的未來，使你今天陷入黑暗的陰雲明天就會消散。要學會用寬廣的眼光看待人生，一定要學會正確評價事物。

絕大多數人往往是他們自己最頑固的敵人。我們的那些有害的不良想法和不好的情緒無時無刻不在「破壞」我們的快樂生活。所有事情都取決於我們的勇氣，取決於我們對自己的信心，取決於我們是否有一個樂觀和滿懷憧憬的信念。

然而，每當遇有不順心之事時，每當我們情緒低落或經歷不愉快之

事時，每當我們遇到損失或不幸時，我們總是讓這些令人洩氣的想法和懷疑、憂慮、沮喪情緒，腐蝕我們的頭腦，使我們也許經過數年的努力才獲得的工作成果毀於一旦。我們只得重新開始。

我們大多數人的工作就像井底之蛙。我們向上爬，僅僅只為往後退，因此，就這樣失去了我們曾經努力得到的一切。

我們何時才能懂得這些毫無用處的、極具破壞性的想法乃是我們的大敵呢？燒燬一座歷經數年才建立起來的房子僅僅只需要幾分鐘；僅僅只需一筆，就能毀掉畫家畫了數年才畫出來的一幅畫。同樣，憤怒、嫉妒、悲傷、憂鬱、擔憂這些極具破壞力的情感，也能毀掉我們畫了數年的人生大畫卷。

人並非注定要成為他情感的奴隸或他喜怒無常心情的犧牲品，在關於人是否能履行他作為人的義務或是否能執行他的人生計劃這樣的問題上，人也並非必須要求教於他的情感。人類生來就要主宰、統治，生來就要成為他自己和環境的主人。對於一個思維受到過良好訓練的人來說，完全能迅速的驅散他心頭最濃密的「憂鬱」陰雲。

思維的藝術在於學會清除思想的敵人，在於學會清除那些使我們不幸福的敵人，在於學會清除那些阻礙我們成功的敵人。要學會專注於真、善、美的事物而非假、惡、醜的事物，學會專注於和諧而非混亂不堪的事物，學會專注於健康而非疾病，等等。

要做到這些，並不總是一件容易的事，但對每個人來說，這是可能做到的事。它只需要我們掌握一點思維的藝術，這種思維的藝術能使人形成正確思維的習慣。如果你斷然拒絕這些剝奪你幸福的憂傷和沮喪，如果你因為明瞭憂傷和沮喪乘虛而入而緊守自己的門戶，將它們拒之門外，那麼，憂傷、沮喪將會離你遠遠的。

要使生命沒有黑暗，最好的辦法就是使生命充滿陽光；要避免混亂，就得追求和諧；要使頭腦戒絕錯誤，就得使頭腦充滿真知；要遠離邪惡，就得多多思索美好可愛的事物；要擺脫一切討厭和不健康的東西，就必須得深思一切怡人和有益健康的事情。不同的思想不可能同時佔據一個頭腦。

為什麼不養成一個兼容你思想的朋友而非敵人的良好習慣呢？為什

麼不養成一個兼容並蓄真、善、美而非它反面事物的好習慣呢？這些反面的事物在你頭腦裡留下的只是它們粗俗、醜陋的印象。

我們應當盡早抹掉我們頭腦裡一切討厭的、不健康的、消極的思想。我們應當從自己的思想長廊裡抹去一切混亂的印象，代之以和諧、使人振奮、提神醒腦的東西。

放棄衝動，理智進行判斷

喜怒哀樂本是人之常情，我們生活在充滿矛盾的世界上，誰沒有遇到過讓人生氣、令人氣憤的事呢？然而，無論從生理健康還是心理健康上講，遇到不順心的事動輒勃然大怒是有百弊無一利的。因為怒氣猶如人體中的一枚定時炸彈，不僅會毀滅自己，還會給他人帶來滅頂之災。

在非洲草原上，吸血蝙蝠在攻擊野馬時，常附在馬腿上，用鋒利的牙齒極敏捷的刺破野馬的腿，然後用尖尖的嘴吸血。無論野馬怎麼蹦跳、狂奔，都無法驅逐這種蝙蝠，蝙蝠卻可以從容的吸附在野馬身上，直到吸飽吸足，才滿意的飛去。而野馬常常在暴怒、狂奔、流血中無可奈何的死去。

害死野馬的不是吸血蝙蝠，而是牠們自己。動物學家們經過研究發現，吸血蝙蝠所吸的血量是微不足道的，根本不會讓野馬死去，讓野馬

的死亡的真正原因是牠暴怒狂奔的性格所致。

俗話說：「一碗飯填不飽肚子，一口氣能把人撐死。」如果我們遇事也如同野馬那樣，不能控制心態，不能理智、冷靜的面對一切，就很有可能自取滅亡。

劉備、關羽、張飛三人生死與共，齊心協力，從寄人籬下到打下了一大片江山，事業上是「芝麻開花節節高」。可是，這一份偉業從關羽敗走麥城開始，由盛轉衰——關羽大意失了荊州，被吳國生擒斬首；然後，張飛被部下暗殺遇害；最後，就有劉備七十萬大軍被東吳的一把火燒盡。

這一連串的「倒霉事」，就是因為三兄弟的衝動。關羽的狂妄自大，為他失敗埋下了伏筆；張飛為關羽報仇心切，心情失控，以鞭打部下來發洩其情緒，導致被害；最後，穩重的劉備也失去了理智，不顧孔明等人的苦苦規勸，執意伐吳，結果導致慘敗。

衝動為什麼是魔鬼？因為人在發怒時，交感神經興奮，腎上腺素分泌增加，會引起一系列身體變化，如肌肉緊張、毛髮豎起、鼻孔張大、橫眉張目、咬牙切齒、緊握雙拳……總之是調動了身體裡所有的能量儲備，這時的人就好比是一個炸藥桶，後果是不堪設想的。

林則徐自幼聰穎，但他喜怒無常的性格讓他父親林賓日憂心忡忡，為此，林賓日經常教育林則徐遇事不要衝動。

有一天，林賓日給林則徐講了一個「性急判官」的故事：

某官以孝著稱，對不孝之子絕不輕饒，必加重處罰。一日，二賊入戶盜得一頭耕牛，又把此家的兒子五花大綁押至縣衙，向縣官訴其打罵父母不孝之罪。該官一聽兒子竟然打罵父母，犯下不孝之罪，於是不問青紅皂白喝令衙役杖責五十大棍。直到這家老母跌跌撞撞趕來說明真相，糊塗的縣官從才想起找兩賊人算帳，可兩賊人早已逃得無影無蹤了。

這個故事給林則徐留下了終生難以磨滅的印象。後來林則徐做了高官，他在府衙裡總是掛著一塊牌匾，上書「制怒」兩個大字，以此鞭策自己，警示自己。

在做兩廣總督時，一次，林則徐盛怒之下把一只茶杯摔得粉碎。當他抬起頭，看到「制怒」二字，意識到自己的老毛病又犯了，立即謝絕了僕人的代勞，自己動手打掃摔碎的茶杯，表示悔過。

遇事千萬別衝動，要用平常的心態、大度的胸懷，理智的去對待各種事情，以便更理智的進行判斷，更正確的進行決策。具體可參考如下建議：

一、凡事想一想，再去做

愛衝動的人在行動前常常不假思索，很少考慮行為的結果，並沒有考慮到該行為的利與弊，進而相應的採取一種適宜的行為方式。

為了提高自己的自我控制能力，就應該學著在做事之前先想一想，根據自己以往的生活經驗或他人的經驗想一想這麼做會有什麼樣的結果，對自己個人以及周圍他人會產生哪些有利的和不利的影響。在此基礎上，對自己的行為進行調控，採取適宜的行為方式。

在遇到較強的情緒刺激時，應強迫自己冷靜下來，迅速分析一下事情的前因後果，再採取表達情緒或消除衝動的「緩兵之計」，盡量使自己不陷入衝動魯莽、簡單輕率的被動局面。

比如，當你被別人無聊的諷刺、嘲笑時，如果你頓顯暴怒，反唇相譏，則很可能引起雙方爭執不下，怒火越燒越旺，自然於事無補。但如果此時你能提醒自己冷靜一下，採取理智的對策，如用沉默為武器以示抗議，或只用寥寥數語正面表達自己受到傷害，指責對方無聊，對方反而會感到尷尬。

二、學會從別人的角度考慮問題

自我控制是個體對自身心理與行為的主動掌握。透過自我控制，可以發展自身的適宜行為，而避免不適宜行為的產生。

一個人的不自控行為常常會伴隨著產生一些不良的後果。衝動型性格的人由於自我中心化傾向較強，他們往往更多的是站在自己的角度，而不是他人的角度來考慮問題，只根據自己的意願而行動，而很少考慮他人。

因此為了克服這種弱點，應該有意識的培養和提高自己的移情能力，提高自己對他人情緒情感的敏感性，學著站在他人角度，感受和理解自身行為對他人所造成的影響，進而有意識的控制和調整自己的行為，以提高自我控制的水平。

三、生氣時努力轉移自己的注意力

使自己生氣的事，一般都是觸動了自己的尊嚴或切身利益，很難一下子冷靜下來。所以當你察覺到自己的情緒非常激動，眼看控制不住時，可以及時採取暗示、轉移注意力等方法自我放鬆，鼓勵自己克制衝動。

言語暗示如「不要做衝動的犧牲品」或「過一會兒再來解決這件事，沒什麼大不了的」等，或轉而去做一些簡單的事情，或去一個安靜平和的環境，這些都很有效。人的情緒往往只需要幾秒鐘、幾分鐘就可以平息下來。

但如果不良情緒不能及時轉移，就會更加強烈。比如：憂愁者越是朝憂愁方面想，就越感到自己有許多值得憂慮的理由；發怒者越是想著發怒的事情，就越感到自己發怒完全應該。

四、在冷靜下來後，思考有沒有更好的解決方法

在遇到問題、衝突、矛盾和不順心的事時，不能一味的逃避，還必須學會處理矛盾的方法，一般採用以下幾個步驟分析、處理。

▼明確衝突的主要原因是什麼？

▼雙方分歧的關鍵在哪裡？

▼解決問題的方式可能有哪些？

▼哪些解決方式是衝突一方難以接受的？

▼哪些解決方式是衝突雙方都能接受的？

找出最佳的解決方式，並採取行動，逐漸累積經驗。

根據現代生理學的研究，人在遇到不滿、惱怒、傷心的事情時，會將不愉快的信息傳入大腦，逐漸形成神經系統的暫時性聯繫，形成一個優勢中心，而且越想越鞏固，日益加重；如果馬上轉移，想高興的事，向大腦傳送愉快的信息，爭取建立愉快的興奮中心，就會有效的抵禦、避免不良情緒。

「急則有失，怒則無智。」遇事衝動、動輒發怒既有損身體健康，又讓人喪失理智，做出一些瘋狂的舉動，讓人失去金錢、友誼甚至生命。同時，經常衝動，心臟、大腦、腸胃都會受到損害，嚴重者甚至會致人死命。由此看來，衝動實在是百害而無一利、損人又不利己的愚蠢行為。

不輕易放棄那些看似「做不了的事情」

很多事情之所以看似無法做好，許多困難之所以看似無法解決，往往不是因為我們沒有能力，而是因為我們沒有足夠的信心。

公元前兩百二十三年冬天，馬其頓亞歷山大大帝進兵亞細亞。當他到達亞細亞的弗尼吉亞城時，聽說城裡有個著名的預言：幾百年前，弗尼吉亞的戈迪亞斯王在其牛車上繫了一個複雜的繩結，並宣告誰能解開它，誰就會成為亞細亞王。

自此以後，每年都有很多人來看戈迪亞斯打的結。各國的武士和王子都來試解這個結，可總是連繩頭都找不到，他們甚至不知道從何處著手，大多數人只是看看而已，從沒有一個人靜下心來設法解開這個難解之結。亞歷山大對這個預言非常感興趣，命人帶他去看這個神祕之結。幸好這個結尚完好的保存在宙斯神廟裡。

亞歷山大仔細觀察著這個結，許久許久，始終連繩頭都找不著，亞歷山大不得不佩服戈迪亞斯王。這時，他突然想到：為什麼不用自己的行動規則來解開這個繩結呢？於是，亞歷山大拔出劍來，對準繩結，狠狠的一劍把繩結劈成了兩半，這個保留了數百載的難解之結，就這樣輕易的被解開了。

斯帕克是美洲經濟大蕭條最嚴重時住在多倫多的一位年輕的藝術家，他全家靠救濟過日子，而那段時間他急需要用錢。斯帕克精於木炭畫。他畫得雖好，但時局卻太糟了。他怎樣才能發揮自己的潛能呢？在那種艱苦的日子裡，哪有人願意買一個無名小卒的畫呢？

斯帕克可以畫他的鄰居和朋友，但他們也一樣身無分文。唯一可能的市場是在有錢人那裡，但誰是有錢人呢？他怎樣才能接近他們呢？

斯帕克對此苦苦思索，最後他來到多倫多《環球郵政》報社資料室，從那裡借了一份畫冊，其中有加拿大的一家銀行總裁的肖像。斯帕克靈機一動，決定在這上面著手。回到家裡，他開始畫起來。

斯帕克畫完了像，然後放在相框裡。畫得不錯，對此他很自信。但怎樣才能交給對方呢？

他在商界沒有朋友，所以想得到引見是不可能的。但他也知道，如果想辦法與這位總裁約會，他肯定會被拒絕。寫信求見？但這種信可能通不過這位大人物的祕書那一關。斯帕克對人性略知一二，他知道，要想穿過總裁周圍的層層阻擋，他必須投其對名利的愛好。

他決定另闢蹊徑，採用獨特的方法去試一試。他想：即使失敗也比主動放棄強！

斯帕克梳好頭髮，穿上自己最好的衣服，來到了總裁的辦公室。

斯帕克要求見見總裁，祕書告訴他：事先如果沒有約好，想見總裁不太可能。

「真糟糕！」斯帕克把畫的保護紙揭開，同時說：「我只是想拿這個給他瞧瞧。」祕書看了看畫，把它接了過去。她猶豫了一會兒後說道：「坐下等會兒，我去通知總裁一聲。」

她馬上就回來了，「他想見你。」她說。

當斯帕克進去時，總裁正在欣賞那幅畫。

「你畫得棒極了！」他說：「這張畫你想要多少錢？」斯帕克舒了一口氣，告訴他要五十美元（相當於現在的一千美元），結果竟然成交了！

為什麼這位年輕藝術家的計劃會成功？因為，他刻苦努力，精於他所從事的行業；他想像力豐富，他不打電話先去約好，因為他知道那樣做他會被拒絕；他敢想敢做，他不想賣畫給鄰居，而是去找大人物；他有洞察力，他能投總裁對名利的愛好，所以選擇了他的正式肖像是明智的，他知道這肯定對總裁的口味；他有進取心，做成生意後，他又請銀行總裁把他介紹給總裁的朋友；他敢於另闢蹊徑，在採取行動前研究市場，認真估計第一筆生意相關的事，他成功了。最重要的是，他不害怕去做那些「做不了的事情」。

抱持強大的自信心去做，世界上有許多所謂「不可能」的事都「可能」會發生。

要敢於面對恐懼和保留犯錯誤的權利

馬克思說：「如果什麼事情都要保證絕對成功才可去做，那麼創造歷史也就太容易了，天下哪有此等容易的事！」縱觀歷史，我們就會發現：一個民族的振興，一個國家的繁榮，都與這個民族所具有的冒險精神分不開。

冒險精神常常更能充分的體現一個民族的創業精神。可以說，沒有一大批冒險家從事美國西部地區的開發，就不會有今天的美國。同時，歷史經驗也顯示：如果縮手縮腳，即使有比別人更新的思想，也只能錯過機會，成為過時的東西。

在中世紀的歐洲，不就有許多懷有新穎思想和見解的學者，因為缺少勇氣，而被神學禁錮了自己的創新成果嗎？如果沒有哥白尼、布魯諾那樣勇敢的科學家，荒誕的「地球中心說」不知要延續到何時。科學的巨大進步，社會的飛速發展，都需要有一批敢於冒險者充當開拓者。

在很多情況下，強者之所以成為強者，就是因為他們敢為別人所不敢為。當然，這裡說的冒險並不是像賭徒那樣，完全把寶押在「運氣」上。冒險不是靠碰運氣，而是靠理智。倘若一點可能性也沒有，就冒失輕率的從事，這就不是冒險，而是盲動，有時簡直近於自殺。冒險要建立在科學分析、理智思考和周密準備的基礎之上。

適度的冒險總比墨守成規讓你更有機會出頭。如果你不想被淘汰，你必須竭盡所能獲得相關領域任何的新知，耕耘出一片專屬的園地，並使自己成為不可或缺的人物。

伯恩斯教授進行過一項調查，作為他研究工作效果和情緒健康的一個環節。他向一百五十名每年收入一至十五萬美元的推銷員提出一系列問題，結果發現，他們之中約有百分之四十是屬於追求完美的人。

可以預料的是，這百分之四十的人所受的壓力，比其餘那些不追求完美的人要大得多。但他們的成就是否更大呢？說來奇怪，答案卻是否定的。這些追求完美的人在生活中顯然較常感到焦慮和沮喪，可是沒有任何證據顯示他們的收入較其餘的人更高。實際上，追求完美的人由於經常遭遇到挫折和壓力，因此可能降低他們的創作能力和工作效果。

伯恩斯所說的「追求完美」，究竟是什麼意思呢？有些人以爭取高水準為樂，他們要求的是合理的卓越表現，這種健康的追求，並非我們所說的「追求完美」。

當然，不重視素質的人根本就難以獲得真正的成就。但「追求完美的人」卻強迫自己達到不可能的目標，並且完全用成就來衡量自己的價值。結果，他們變得極度害怕失敗。他們感到自己不斷受到鞭策，同時又對自己的成就不滿意。事實證明，強逼自己追求完美不但有礙健康，會引起像沮喪、焦慮、緊張等情緒不安的症狀，而且在工作效果、人際關係、自尊心等方面，也會自招挫折。

為什麼追求完美的人特別容易情緒不安，為什麼他們的工作效果會受到損害？其中一個原因就是，他們以一種不正確和不合邏輯的態度看人生。

追求完美的人最普遍的錯誤想法，就是認為不完美便毫無價值。比如說，一個每科成績取得優等的學生，由於在一次考試中有一科拿了甲等成績，因此感到沮喪，認為那就是失敗。這類想法引致追求完美的人害怕犯錯，而且一旦犯錯後又做出過分的反應。

他們的另一個誤解是相信錯誤會一再重複。認為「我永遠都不能把這件事做對」。追求完美的人不會自問能從錯誤中學到什麼，而只是自怨自艾，說「我真不該犯這樣的錯，我絕不能再犯了！」這種自責態度導致產生一種受挫和內疚的感覺，反而會使他們重複犯同樣的錯誤。

伯恩斯指出：「假如你目標切合實際，那麼，通常你的心情便會較為輕鬆，行事也較有信心，自然而然便會感到更有創作力和更有工作成效。我不是鼓吹放棄努力奮鬥，不過，事實上你也許會發現，在你不是追求出類拔萃的成就而只是希望有確實良好的表現時，反而可能會獲得一些最佳的成績。」

你也可以用反躬自問的方式來抗拒追求完美的思想，例如，「我從錯誤中可以學到什麼？」你可以做個實驗，想想你犯過的一項錯誤，然後把從中得到的教訓詳列出來。千萬別放棄犯錯的權力，否則你便會失去學習新事物以及在人生道路上前進的能力。

你要牢記，追求完美心理的背後隱藏著恐懼。當然，追求完美也有一個好處，就是無須冒著失敗和受人批評的危險。不過，你同時會失去進步、冒險和充分享受人生的機會。敢於面對恐懼和保留犯錯誤權利的人，往往生活得更快樂和更有成就。

無論如何不能失掉和放棄生活的願望

黎巴嫩著名詩人紀伯倫說：「願望是半個生命，淡漠是半個死亡。」「我寧可做人類中有夢想和有完成夢想的願望的、最渺小的人，而不願做一個最偉大的、無夢想、無願望的人。」

在我們所走的人生旅途上，適意總是多於不適意。我們每個人內心貯藏的願望，得到滿足時，會覺得自己彷彿是快樂的天使，幸運正以無憂的手，殷勤的給自己加冕，因而心頭湧出歡欣的情感。但是，世界上終究存在著不適意的事情。在生活中，一旦遇到這樣的事情，你又該如何呢？那種時候，你會不會拋棄生活的願望，不再喜歡眼前的一切呢？

小李沉浸在初戀的幸福當中，他是用甜蜜的微笑來看待今天和將來的。可是過不多久，一片烏雲出人意外的飄來，他的女朋友突然變心了。

他沮喪的對我說：「我失去了生活願望，從此什麼都完了，留在心底的只有怨恨。」說這話時，他的眼睛隱去了亮光，浮現著懊惱、憂傷的神情。

其實，一個人可以失掉這一件東西或那一件東西，放棄這一個想法或那一個想法；但無論如何，不能失掉和放棄生活的願望。一個失掉了生活願望的人，必然要成為自甘沉淪，淡漠處世，灰溜溜的過日子的人。

艾青在《詩論》中寫道：「假如人生僅僅是匆匆過客，在世界上彷徨一些時日，假如活著只求一身溫飽，和一些人打招呼、道安，不曾領悟什麼，也不曾啟示什麼，對所見所聽所觸到的，沒有發表過一點意見，臨死了對永不回來的世界，沒有遺言……能不感到空虛與悲哀嗎？」

魯迅筆下的孔乙己就是這種人的真實寫照，他整日無所作為，苟且偷生，在人們的眼中沒有一點位置，沒有他別人也照樣生活。人活在世上無所作為多麼乏味，多麼百無聊賴？有所期望，有所追求，才不會虛度年華、庸庸碌碌。

固然，生活中會出現這樣的情景：你給歡樂下了請帖，虔誠的請它與你做伴；可是，那位不受歡迎的不速之客——痛苦，卻不期而至，在你身旁糾纏不去。這種情境恐怕是每個人都領受過的。但在這種境地下，你仍然沒有理由放棄你的生活願望。

痛苦，當然是每個人都不情願承受的。它的來臨，不管程度如何，都將讓人在精神上受到折磨，甚至會在心田裡留下深深的傷痕。因此，沒有人無故的要去尋找痛苦和不幸。但這只是事情的一個方面。另外的一面是，假如你在痛苦當中，不被它擊倒、淹沒，而是細心的思索一番痛苦是怎樣造成的，外界的原因和自己本身的原因在哪裡，尋求如何戰勝它的辦法。那麼，痛苦的降臨卻會對你起到積極的影響，教會你一些寶貴的東西。羅曼．羅蘭說過：「痛苦這把犁刀一方面割破了你的心，一方面掘出了生命的新的水源。」這種見解就比較全面。

我們羨慕那些樂觀的人，但要知道，這種人並非是未曾碰到任何不幸和痛苦的幸運兒，而是雖然也碰到痛苦和不幸，自己卻能夠冷靜的加以思索，找到外界原因，也縝密的檢查本身的弱點，進而使自己更為完善起來的人。

他們在困惑迷惘中仍然不放棄他們渴求的願望，而把願望當作堅韌的枴杖，依靠它，頑強的向前走，向著希望走，最終脫離開痛苦而靠近希望。這樣的人，每向前跋涉一段，都會掘出生命的新的水源。

文藝復興時期的思想家米朗多，曾為大雕刻家戴西戴雷諾・賽提昂諾雕刻的一個男童像題詞：「每一個人從出生起，就獲得了各種機會與各種人生的種子。」這句話，其實是真理的聲音。

雖然你碰到了一次甚至多次苦惱，但並非說，你從出生起，一生注定只該獲得這樣的種子。你將會獲得幸福與快樂的種子，世界會賜於你許多美好的東西。

伏爾泰說：「人類最可寶貴的財富是希望，希望減輕了我們的苦惱，為我們在享受當前的樂趣中描繪來日樂趣的圖景。如果人類不幸到目光只限於考慮當前，那麼人就會不再去播種，不再去建築，不再去種植，人對什麼也不準備了；因此在這塵世的享受中，人就會缺少一切。」

而列寧更為重視人的願望，曾這樣說過：「如果他不能偶爾跑到前面去，用自覺的想像力來給剛剛開始在他手裡形成的作品勾畫出完美的圖景，那我就真的不能設想，有什麼刺激力量會驅使人們在藝術、科學和實際生活方面從事廣泛而艱苦的工作，並把它堅持到底。」

所有這一些，都印證了紀伯倫的話：「願望是半個生命，淡漠是半個死亡。」愛因斯坦告訴我們：「情感和願望是人類一切努力和創造背後的動力，不管呈現在我們面前的這種努力和創造外表上是多麼高超。」

面對不愉快
你可以選擇…
一笑置之

chapter 2

人生應當有所為，有所不為

「有所為，有所不為」，這是一句哲理名言。「有所為」是主動選擇，「有所不為」是勇於放棄。凡想成就一番事業，就要先做人，後做事；不投機，不取巧，踏踏實實一步一步去走。

世界紛繁複雜，誘惑無時無刻不在。只有懂得如何根據自己的實際情況進行適當的取捨，才能永遠立於不敗之地。只有懂得「有所為，有所不為」，才能在人生的航程裡辨別正確的方向；有所不為，才能真正有所為，才能走得更久遠。

品格是一個人最高貴的財產

富蘭克林指出：「品格，是人生的桂冠和榮耀。它是一個人最高貴的財產，它構成了人的地位和身分本身，它是一個人在信譽方面的全部財產。它比財富更具威力，它使所有的榮譽都毫無偏見的得到保障。」真誠做人，保持本然人品，是做人的起點，也是人品的極致。《菜根譚》中說：「文章做到極處，無有他奇，只是恰好；人品做到極處，無有他異，只是本然。」

一個人的思想、品格、言行，都要發自內心、自然而然的表現出來，不能為了某種功利的目的矯揉造作，掩蓋自己的真實面目，扭曲自己的本性。真誠的反面是虛偽，是自欺欺人，靠戴假面具過日子。真誠坦率的人不失本色，自然有感人的力量。虛偽矯飾的人一生都在演戲，給人留下偽佞可憎的形象，自己也喪失心靈的本性，忍受心理上的折磨。

品德高尚的人，能夠很好的處理美德和經濟利益的關係，在魚和熊掌不可兼得的情況下，能夠毫不猶豫的做出正確的抉擇。比如，下面這則「威靈頓公爵視名譽為最珍貴的財富」的故事，就生動的詮釋了這種價值觀。

一八一五年六月，威靈頓公爵統率反法聯軍在滑鐵盧大敗拿破崙軍隊，因此聲名大噪。但他回到英國後並沒有因此而自恃功高，仍舊謙恭待人。

長久以來，他就想買下家旁邊的一塊空地，於是他讓部下去跟地主商議買賣事宜。由於地主正好缺錢，加上知道買主是赫赫有名的威靈頓公爵，買賣很快就成交了。

當那位部下興沖沖的回報已成交時，威靈頓問：「你用多少錢買的？」

部下得意的說：「本來那塊地值一千五百英鎊，但我用一千英鎊就買下來了。我報上公爵的名號，對方還嚇得直發抖呢！」

威靈頓向來視自己的名譽為一生中最珍貴的財富，便打斷了部下的

話，斥責道：「你把我的名譽以五百英鎊的價錢賤賣了。」

第二天一早，威靈頓派人給那位地主送去了五百英鎊。

一個人的行為高尚，別人才會把光環加在他的頭上；如果他過分追求自己的榮譽和名譽，別人對他的印象反而會黯然失色。把追求美德放在最重要的位置才是明智的選擇。

品格伴隨著時時可以奏效的影響，因為它是一個人被證實了的信譽、正直和言行一致的結果，而一個人的品格比其他任何東西都更顯著的影響別人對他的信任和尊敬。

名譽是最值得珍惜的個人財富，人們經常是直到失去了才發現它的珍貴。名譽是不可以賤賣的；好的名聲也不是用金錢可以買到的。無論如何也不要毀掉自己的名譽。

追求良好品格，擺脫「投機」心理

誠實、正直和仁慈，這些品質並不是與每個人的生命息息相關，但它卻成為一個人品格的最重要特質。正如一位古人所說：「即使缺衣少食，品格也始終忠實於自己的德行。」具有這些品質的人，一旦和堅定的目標融為一體，那麼他的力量就可驚天動地，勢不可擋。

一七七二年，英國因為火藥庫經常遭受雷擊，成立了對策委員會，富蘭克林被任命為委員，因為避雷針就是他發明的。他主張在火藥庫頂上裝上尖頭避雷針，委員會採納了他的意見。

一七七六年，美國發生反對英國的獨立戰爭，富蘭克林是獨立宣言的起草人之一。英國國王喬治三世對他大為惱火。因為喬治三世認為富蘭克林反對英國，不是個好東西，他推薦給英國使用的避雷針也不可能是好東西。

國王要皇家學會會長約翰．普林格爾宣布，尖頭避雷針不行，而圓頭避雷針比它好。但是普林格爾說：「許多事情都可以按國王的願望辦，然而違背自然規律的事情，卻不能按國王的願望辦。」

人格就是力量，在一種更高的意義上說，這句話比「知識就是力量」更為正確。沒有靈魂的精神，沒有行為的才智，沒有善行的聰明，雖說也會產生影響，但是它們都只會產生壞的影響。我們或許會從中受到教育或者會覺得他們有趣。但是，我們不會去崇拜他們，這就像要我們去崇拜一位扒手的敏捷一樣，是十分困難的。

天才總是受人崇拜，但高尚的品格更能贏得人們的尊重。前者是超群智力的碩果，而後者是高尚靈魂的結晶。從長遠來看，是靈魂主宰著人的生活。天才人物憑借自己的智力贏得社會地位，而具有高尚品格的人靠自己的良知獲得聲譽。前者受人崇拜，而後者被人視為楷模，加以效仿。

事實上，大多數人的生活圈子非常狹小，他們很少有機會出人頭地，成為偉人。但是，每一個人都可以正直誠實、光明磊落的去生活，竭盡全力的去做好自己的本職工作，最大限度的發揮自己的能力。哪怕是在平凡的崗位上，他也可以做到真誠、公正、正直和忠厚；他可以在自己的職位上做到盡心盡責；他可以淋漓盡致的展示自己的聰明才智；他可以充分展現自己人生的價值。

工作職位雖然平凡，但是，只要你盡心盡責，這就展現了生命的最高信念和個性。人品的高尚、情操中恆久的責任感，也必然展現在他的日常生活和日常事務之中。人的生活就集中在平凡的職責範圍內。一切美德的最大魅力，就在於它最大限度的滿足日常生活的要求。這樣，美德才崇高、永恆和持久。

對大多數人來說，當他作為一個普通人在自己平凡的生活中盡心盡責的時候，他最高尚的品格也就在這種持久的盡心盡責中表現出來了。他們或許沒有金錢，沒有財產，沒有學問，沒有權勢，但是，他們依然擁有高尚的靈魂，擁有精神財富——誠實、正直、盡心盡責。

一個人要過著美好而成功的生活，就必須具備與之相符的良好的道德品格。品格是道德問題的核心，而追求良好的品格，其實就是追求全面性的「個人卓越」與「人際卓越」。想要達到真實、全面、令人深感滿意而且可以長久的個人卓越境界，就務必要擁有良好的品格。好的品質大致包括以下的元素：正直、誠實、耐心、勇氣、仁慈、寬容、富於責任感等。

在年輕的時候確立我們的道德標準，作為倫理的指南，在生命的航船受到誘惑的狂風襲擊的時候，就不致偏離航向。大多數人並沒有十分堅定的道德態度，因此，一旦遭遇到困難，往往很容易被擊敗。在努力邁向成功的過程中，道德品格發展的重要性，絲毫不遜於智力的發展，也絲毫不遜於持續提升的感受能力，以及表現技巧。

如果一個人未能培養良好品格，便不可能建立真正成功的人生。因為，假如沒有正確的能力去評估怎樣做最合乎自己的利益，便容易追求錯誤的夢想，以一種自我毀滅的方式去行事。

如果沒有伴隨品格而生的智慧，往往會優先追求眼前可以帶來快樂或其他甜頭的事物，並因此而將焦點集中於眼前。然而，眼前看起來好的事物，以長遠的觀點看卻未必盡然。事實上，假如沒有伴隨品格而來的洞察力、自我約束力以及耐性，我們便難以平穩邁向全方位的「個人卓越」。反之，如果我們能建立起堅強的道德性格，就將可能掃除眾多的障礙，進而獲得個人真正的成功。

品格對於成功還有另一方面的貢獻。絕大多數的成功，都需要透過他人的協助與合作。但是，除非他人被我們所吸引，進而喜歡我們，信任我們，否則，將不會樂意向我們伸出援助之手。除非讓他們相信與我們攜手共進是一件好事，否則，他們不會樂意參與。

我們要麼直接讓他們看到我們的計劃對他們的好處；要麼我們就說服他們，使他們相信幫助我們能夠給他們帶來好處。而無論如何，最終成功與否，還必須靠我們自己的優良品格，靠我們真正的影響力。

如果我們希望持久的與他人維持滿意的互動關係，希望按照自己的願望與需求，說服他人而影響其生活，就必須做一個品格高尚的人。但當前卻有許多人，只知一味塑造良好的表面形象，而不願去培養實質內涵。有些人虛情假意，故作姿態，拚命塑造值得信賴的形象，卻絲毫不願下工夫去培養真正的優良品格，實在是捨本逐末。

這種人以為只要照顧好外表，就可以不在乎實質，這種想法只會使我們倒退。若要表現出誠實的外表，最好的方法就是內心誠實；若要表現出值得信賴的形象，最簡單、最持久、最可靠的方法，便是讓自己真正值得信賴。

當前，有太多人寧可選擇表象而漠視實質，他們除自己過著虛幻的日子之外，還千萬百計要使周圍的人也誤把他編造的假象當真。這些把虛幻的夢想當作成功的理想來追求的人，即使達到所追求的目標，也無法獲得真正的滿足，反倒因此可能產生不必要的挫折感。

不貪圖那些不屬於自己的東西

貪了你不應貪的東西，你的損失，是比你貪的還要多。

有一位美國人利用週末帶著九歲的孩子去釣魚，河邊有塊告示牌寫著：「釣魚時間從上午九點到下午四點止。」一到河邊，父親就提醒孩子要先讀清楚告示牌上的警示文字。那位孩子很清楚只能垂釣至下午四點。

父子倆從上午十點半開始垂釣，直到下午三點四十五分左右，突然間，孩子發現釣竿的末端已彎曲到快要碰觸水面，而且水面下魚餌那端的拉力很強，他大聲喊叫父親過去幫忙，這種情形顯示應該是釣到了一條大魚。

父親一邊協助孩子收線，一邊利用機會教導孩子如何跟大魚搏鬥，兩人經過一段時間的拉、放之後，終於將一條長六十多公分、重約七、八斤的大魚釣了起來。父親雙手緊緊握著大魚，跟孩子一起欣賞著，孩子顯得非常高興又很得意。

突然之間，父親看了一眼手錶，收起笑容，認真的對孩子說：「親愛的，你看看手錶，現在已經是四點十分了，按照規定只能釣到四點，因此我們必須將這條魚放回河裡去。」

孩子一聽，趕緊看著自己腕上的手錶，的確是四點十分，但卻很不以為然的對父親說：「可是我們釣到的時候，還沒到四點啊！這條魚我們應該可以帶回家。」

孩子一面說，同時露出一臉渴望的表情，加上懇求的語氣看著父親。可是父親隨即回答說：「規定只能釣到四點，我們不能違背規定。不論這條魚上鉤的時候是否在四點以前，我們釣上來的時間已經超過四點，就應該要放回去。」

孩子聽了之後，再次對父親要求：「爸爸，就這麼一次啦！我也是第一次釣到這麼大的魚，媽媽一定很高興。這裡又沒有人看到，就讓我帶回家去吧！」

父親斬釘截鐵的回答說：「不可以因為沒有人看到就說要帶回去。不要忘記，上帝在看啊！祂知道我們做了什麼。」說著，隨即與孩子捧起那條魚，將牠放回河裡去。孩子眼裡含著淚水望著大魚離去，沒有再說一句話，默默跟著父親收拾起釣具回家了。

十多年後，這個孩子成為一位口碑很好的律師。他的名字叫喬治．漢密爾頓。

我們也應該像故事的主人公一樣守規矩，為了獲得良好的品行，要不惜放棄「釣到手裡的大魚」。對於不屬於我們的東西，不應該有佔有的企圖。下面的這個故事同樣生動的向我們展示了這一原則。

幾年前，趙先生來到世界聞名的高科技區「矽谷」——美國加州的聖何西市。

自從趙先生抵達加州之後，他發現加州的氣候得天獨厚，這裡空氣清新，陽光明媚，四季溫暖如春，到處是鮮花綠草，他覺得自己彷彿走進了一個無邊無際的花園之中。

一天，趙先生正在隨意漫步，突然，覺得眼前忽然一亮，出現了一條金色大道，人行道上種的是一株株橘樹，沉甸甸、黃澄澄的橘子擠滿了枝頭。花旗蜜桔是世界聞名的鮮果，今天，在美國的土地上見到它，見到它那渾圓結實，果皮上閃著油光的橘子，趙先生感到非常親切。突然，他想到這樣一個問題：這些橘子已經成熟了，怎麼還長在樹上？是因為它酸，所以沒有人摘嗎？他決定問個清楚。

趙先生沿著橘子樹來回足足繞了半小時，無奈無一過往行人，他只好調轉方向準備回到住處。這時，他突然見到前方一個揹著書包，腳踩溜冰鞋學生模樣的孩子正奮力而有規律的甩動著雙臂，朝自己滑來。

趙先生有禮貌的對孩子說：「孩子，你能回答我一個問題嗎？」

美國孩子大多數是活潑大方不見外的。孩子見到有人要他回答問題，馬上把溜冰鞋尖向地上一點，來了一個緊急剎車，說：「當然可以。」孩子拿出手帕擦著他佈滿雀斑的臉上汗水說：「只要我知道的話。」

「聖何西的橘子是酸的嗎？」趙先生指著橘子樹直率的問。

「不。」孩子搖搖頭自豪的說：「這裡的橘子可甜的很！」

「那你們為什麼不摘來吃？」趙先生指著一顆熟透的橘子說：「讓

它掉在地上爛掉多可惜。」

「對不起，先生，我該怎麼回答你提出的問題呢？」孩子攤攤手，聳聳肩笑著說：「我為什麼要吃路邊的橘子？它不是屬於我的。」

孩子說完和趙先生揮手道別，又開始向遠處滑去。

「這不是屬於我的。」望著早已遠去的孩子背影，趙先生久久尋思著這個簡單樸素，但又飽含社會公德準則的語言……

人人思想上根植一個不屬於自己的不食、不屬於自己的不拿的社會公德基礎，那麼，我們就可以得到一個夜不閉戶、路不拾遺的生活環境了，這不正是每個正常人所追求的目標嗎！

任何情況下都不能背離誠實原則

歐洲的諺語說：「誠實為人生至寶。」英國著名作家斯威夫特也說過：「誠實永生不滅。」

一九〇八年四月的一天，國際函授學校丹佛分校經銷商的辦公室裡，戴爾．卡內基正在應徵銷售員工作。

經理約翰．艾蘭奇先生看著眼前這位身材瘦弱、臉色蒼白的年輕人，忍不住先搖了搖頭。從外表看，這個年輕人顯示不出特別的銷售魅力。艾蘭奇在問了卡內基姓名和學歷後，又問道：「從事過推銷工作嗎？」

「沒有！」卡內基答道。

「那麼，現在請回答幾個有關銷售的問題。」艾蘭奇先生開始提問：「推銷員的目的是什麼？」

「讓消費者瞭解產品，進而心甘情願的購買。」卡內基不假思索的答道。

艾蘭奇先生點點頭，接著問：「你打算對推銷對象怎樣開始談話？」

「『今天天氣真好。』或是『你的生意真不錯。』」

艾蘭奇先生還是只點點頭。

「你有什麼辦法把打字機推銷給農場主人？」

卡內基稍稍思索一番，不疾不徐的回答：「抱歉，先生。我沒辦法把這種產品推銷給農場主人，因為他們根本就不需要。」

艾蘭奇高興得從椅子上站起來，拍拍卡內基的肩膀，興奮的說：「年輕人，很好，你通過了，我想你會出類拔萃！」

艾蘭奇心中已認定卡內基將是一個出色的推銷員。因為測試的最後一個問題，只有卡內基的答案令他滿意。以前的應徵者總是胡亂編造一些辦法，但實際上絕對行不通，因為誰願意買自己根本不需要的東西呢？

其他參加面試的人當然也知道「把打字機推銷給農場主人」難於上青天。但是為了應付面試，他們不敢說實話，恐怕被人懷疑自己的能力。而那些敢說實話的人，不但表現了自己的誠實，更展示了自己的自信。

在個人品質的諸多方面中，誠實的重要性顯得更為突出。有許多關於誠實與不誠實的故事，已經流傳了很多年。

比如，幾乎每個小學生都曾經聽過喬治·華盛頓和櫻桃樹的故事。當喬治的父親站在他面前，問他是誰砍了那棵樹時，小喬治手握他的小斧頭說道：「我不能說謊，是我砍的……」

絕大多數人一生下來就被告知：在生活中的任何時候都要絕對誠實。如果我們想達到成功的頂峰，絕不可欺騙和說謊。謊言——即使是善意的小謊言，也曾使得許多人由好不容易攀上的頂峰摔落，或是使得他們追求的成功半途而廢。

我們無論在任何時候、任何情況下，和什麼人在一起，都要忠於自己、言行一致、堅守自己的信仰及價值觀。如果我們不正直，最終將失去一切，因為別人無法相信我們，不願和我們一起工作，或跟我們進行交往。如果沒有足夠的人願意和我們共事，我們的事業將會失敗，無論任何一種事業的結果都將一樣。

所以，在生活中保持絕對誠實，是我們踏上成功之途最重要的事情之一。

如果一個青年在剛踏入社會的時候，便決心把建立自己的品格作為以後事業的資本，做任何事情，都無悖於養成完美人格的要求，那麼，即使他無法獲得盛名與巨大利益，但終不至於失敗。而那些人格墮落、喪失操守的人，卻永遠不能成就真正偉大的事業。

有許多商店的成功，都如曇花一現，這些商店在開業時透過大肆欺騙的方式吸引了許多顧客的注意，固然繁榮一時，但是因為他們的繁榮是建立在不誠實和欺騙的基礎上的，不久後這些商店便關門大吉了。他們只知道從欺騙顧客中獲得了好處，不知道到了後來，他們的欺騙手段終於為顧客所發覺，於是這許多商店營業日趨清淡，業務逐漸減少，結果終致歇業破產。

許多人把說謊、欺騙視為一種手段，他們相信說謊、欺騙會給自己帶來好處。一些信譽很好的商店，也往往掩飾自己貨物的弱點，用動人的廣告來哄騙消費者。有很多人認為，在商業上，欺騙如同資本一樣，是十分必要的。他們認為，在商業上處處講實話幾乎是件不可能的事情。

這種想法是錯誤而危險的。實際上，由於一貫講真話而獲得的聲譽，要比由欺騙暫時所獲得的好處，其價值要高千百倍！

商業社會中，最大的危險就是不誠實與欺騙。往往在經濟蕭條時，人們更喜歡利用投機取巧的方法，欺騙顧客，不講真話或是把當說的真話祕而不宣。但他們沒有顧慮到，這樣的做法暫時來說在金錢上雖是賺了一些，可是商人的人格和信用就此損壞。他們的錢袋裡固然增加了一些錢，但他們的人格和信用已喪失殆盡。

實際上，現在也有許多曾經說謊的人或是欺騙的機構，感到用欺騙方法來對付他人，最終是得不償失的，他們終於認識到，誠實是最好的策略。

波士頓市長哈特先生說，五十年來，他目睹了誠實和公平交易的深入人心，百分之九十的成功生意人都是以正直誠實而著稱，那些不誠實的人生意最終都會走向破產。

他說：「誠實是一條自然法則，違背它的人會受到報應、受到應有的懲罰，就像萬有引力定律不可違背一樣，誠實的定律也是不可違背的。

他們或許可以暫時逃避，最終卻無法逃避公道。商人擁有顧客們所需要的東西，同時也需要顧客所擁有的東西。當交易發生的時候，如果雙方都是誠實的，那麼雙方都會受益。」就像百分之九十的成功人士的經驗所證明，誠實是一條在生活中的任何方面都行得通的法則。

要果斷的放棄和勇於改正錯誤

常言道：「智者千慮，必有一失。」人再聰明，都有犯錯的時候。人不怕犯錯誤，就怕犯了錯誤以後不認錯，不改錯，不積極的想辦法去補救。一個人只有養成了正確對待錯誤的習慣，才能不斷戰勝自我，從失敗走向成功。

有病就要吃藥，長了腫瘤就要動手術。如果怕苦怕疼，聽任腫瘤越長越大，最終付出的代價，就可能是整個生命。同樣道理，過失、缺點，也如同我們身上的腫瘤，對它，也必須有敢於動刀的勇敢精神。

犯了錯誤並不可怕，可怕的是有了錯誤之後為了面子不敢坦誠面對的錯誤態度。

在歐洲十八世紀的傳說中，有一位精通魔術的博士浮士德，為了獲得知識和權力，他向魔鬼出賣了自己的靈魂。歌德曾據此而寫成了《浮士德》一書。

浮士德渴望生活，渴望人生的探索，為此，他雖明明知道梅菲斯特是個魔鬼，還是禁不住他的誘惑，以把靈魂出賣給梅菲斯特為條件，在他的引導下，去經歷人生的各種境界。直到生命的盡頭，他才領悟，自由與為之不斷的渴望而努力，才是人生的價值所在。

歌德寫的《浮士德》，是一個具有普遍意義的典型，是他對人生的思考。事實上，我們每個人都可能是某種意義上的浮士德。由於每個人的人生都是一個未知數，因此，生活對我們來說，本身就是一個巨大的誘惑。

上帝沒有給任何人俯瞰一切的制高點，於是，人人都必須在人生的迷宮裡摸索前行，循環往復於成敗得失之間。為了走好這趟無法重複的人生歷程，不至於到生命的終結時尚未悟出這迷宮的路徑，就必須除了在接受人類代代相傳的經驗外，還要依靠自己的意志、力量和智慧，在多歧的路口前作出明智的選擇，並在進入了誤區之後，冷靜的判斷，盡早的省悟。所以，走人生的長路，要善於體驗，善於總結；既善於行，亦善於止。換句話說，就是要善於改過遷善。

唐太宗李世民，並不是因為他個人的才能真的足以使他在幾十年的君主統治期內讓唐王朝達到繁盛，他最突出的品德，就在於知人而善納諫，集眾人的智慧而修其政舉，所以能善始而善終。

魏徵對他的幫助那是不用說了，除魏徵以外，勸李世民為善的官員，以及李世民從善如流的事例，史不絕書。如御史柳范不但彈劾李世民的愛子吳王李恪畋獵傷民，而且面奏李世民本人也愛無度出獵，李世民「大怒，拂袖而入」，但想想畢竟此為實情，所以還是出來對柳范的批評表示接受。

又如，李世民剛即位，就下令修建洛陽行宮，準備行幸。大臣張玄素對他說：「十年以前，是你平定了洛陽後把隋朝的宮殿付之一炬，現在唐朝的財力還比不上隋代，你卻仿效隋代大建宮殿。這樣看來，你竟連隋煬帝也比不上了！」

面對這樣尖銳的指責，李世民卻也能點頭歎息說：「吾思之不熟，乃至於是！玄素所言誠有理，宜即為之罷役，後日或以事至洛陽，雖露居亦無傷也。」這是多麼難能可貴！

唯其如此，李世民才博得了一個「明君」的青史之名，成為歷史上可圈可點的皇帝之一。他一生的成就，是建築在改過遷善基礎上的一個典範。古人有「日知其非」，以「新我」勝「故我」之說，韓愈所謂「行年五十，而知四十九年非」，說的也正是這個意思。

應該說，一個人只有具備了改過遷善的能力，他才可以算是一個有自我意識的人，一個在完整意義上精神健全的人。就像一個人的身體假如是健康而正常的話，也必定會具備新陳代謝、自我調節的功能一樣。例如，患過德國麻疹的人，身體中會從此產生抗體，使同類病毒無法再行肆虐。改過遷善，正是與此有同等意義的人的精神上的自我調節功能。一個精神、心理健康的人，必定是一個善於進行自我調節的人。聖人是由不憚改過而造就出來的，這個觀點，可以說是一個真理。

所以，人們不要怕自己犯錯誤，也不要為自己老是後悔而煩惱。當一個人感覺到有愧於心時，其實他應該是絕對無愧的，因為他精神上的「自癒組織」正在戰勝「病毒」而取得優勢。因此，怕就怕一個人不肯運用這種調節功能，不肯作自我譴責。古人云：「過而不改，是謂『過』矣！」——做錯了事不思悔改，這才真正變成了過錯。

做錯了事如不深自痛悔反省，而諉於人，那是行不通的。最好我們要經常警惕著不要做錯事；假使錯了，便要痛切改過，同時想辦法補救。諉過於人，縱是一時的成功，過後良心的責備會使你終身不安。

為了減少過失，我們應當每晚臨睡前作片刻的檢討，看看一日之內有無過失，有則改之，這才是做人處世的正確辦法。

堅持正道才能獲得成功和收益

自私有兩種。一是孤立的自私，一是以天下大公為私。孤立的自私被我們視作醜陋、卑劣的小人行徑，而以天下為一己之私的人則被人們稱為偉人。

生活中隨處可見這樣的人：看見上司掏出菸就立刻拿出打火機，老闆從車上下來就立刻上前開車門，看見上司打了條新領帶就稱讚：「這條領帶真適合您！」當你看見周圍同事這麼做的時候，你會怎麼想？

這時候，每個人的反應都差不多：「真是馬屁精，這種事都做得出來，噁心！」但是，當周圍這種拍馬屁的人越來越多時，你也很難表現出不以為然的樣子。最後，連你也會和大家一樣，成為逢迎拍馬的人。

但是，還是有一些人不會受到影響，依然堅持不逢迎拍馬。這種人有兩種，一種是心地很純潔的人，他認為：「這簡直是太無聊了！」或是：「這麼麻煩的事就免了吧！」於是即使別人再怎麼拍馬屁，他仍依然故我。另外一種就是所謂的「硬漢」，這樣的人會想：「經理真是個公私不分的人，如果我想要受到他的提拔，就必須與他同流合污，但這實在不是我做得出來的。」

如果你是這種性格的人，大可不必勉強自己加入逢迎拍馬的行列。假使你為了討好上司而忍著自己心中的不屑與氣憤，採取所謂「屈辱的行動」，上司也還是不會高興。因為你這種不滿的情緒，還是會表現在你的行動之中，使你的言行舉止看起來極不自然。更何況有些人本來就很擅長諂媚這一套功夫，和他們比起來，你的所作所為，反而讓人覺得「畫虎不成反類犬」。如此一來，你排除萬難、克服自己心理障礙所做的努力，非但一點效果都沒有，反而落人笑柄。

那麼，究竟應該怎麼做才好呢？這說起來有些照本宣科，但這卻是不可否認的定則，那就是：完全靠實力取勝，不要羨慕那些走旁門左道而暫時得到利益的人。

如果你看見旁人佔上風，你就坐立難安而圖謀與之一較高低，這樣一來，你將終日與人競爭而不得安寧。這些欺騙伎倆，只能用在情急之下，絕不可以成為常態，唯有真正的實力才經得起考驗。

唯唯諾諾，唯別人馬首是瞻，這種人要麼是沒有見識，沒有主見；要麼天生就是阿諛奉承、溜鬚拍馬之輩。不管是屬於哪一種，他們都是為世人所不恥、所鄙視的。

明代有這樣一則故事：

李際陽在外地做官時，他的母親給他寫信說：「你在為國家辦事時，只要你認為是正確的事，並能合乎義理，而又力所能及，那麼，就是天下人都反對也可以不顧，即使有禍害也要勇往直前，不要被世俗的流言嚇倒，絕不要因人言而改變自己的認識或終止自己的努力。」

在這幾句短短的話語中，表現了一位女性堅貞不屈的氣節和崇高的襟懷，這是值得我們學習的。也是對於那種唯唯諾諾，唯別人馬首是瞻的人一種強烈的批判。

不要羨慕那些走旁門左道而暫時得到利益的人，為了獲得長久的成功和收益，必須堅持自我，堅持正道。

你必須努力拚搏避免虛度年華

為了成為人生的這場戰鬥中的獲勝者，你必須努力操縱自己的意志、能力，積極的去發展自己的才能，努力去拚搏，去奮鬥；避免虛度年華，避免成為碌碌無為的平庸之輩。

不管我們做一件大事還是小事，最需要的是精力。一個人有了充沛的精力，做什麼大事都不成問題。可是有不少人往往把他們那寶貴的精力胡亂揮霍在那些毫無意義、自討苦吃的事情上，那些事情對於他們人生的成功，一點也沒有用處。如果你學會了操縱自己心力的方法，使它只管增強擴大起來，絕不讓它一點一滴的漏到那些毫無意義的事情上去，那麼你在人生的戰場上獲勝的機會就會增加很多。

在農村裡，到了春天，河水往往很充足。這時農夫在河裡建築水閘，使水不致完全流失。因為一到夏天和秋天，河水常會乾涸。如果我們在春天預先建築水閘，把水積蓄起來，到了夏天，就不怕鬧旱荒了。

做人也是如此。青年時期全身都是精力，正如春天的河水那樣豐富。我們應該趕快築起意志的水閘來，不使寶貴的精力憑空漏去一點一滴；到了中年，就不致衰弱得無力繼續工作了。

一個人如果喪失了腦力，就不會再有創造力。那些腦力受了很大損害的人，無論他是由於狂飲濫賭，還是因為操勞過度，或者過於閒暇無事，他的健康、智慧、判斷力、發明力乃至創造力都將遭受很大的損害，於是他們再也沒有進步的希望了。

世上真不知有多少青年，隨隨便便犧牲了自己的休息時間、睡眠時間，去換得一夕的狂歡。他們對此毫不覺得可惜，也從未想到時間如此浪費，會對自己造成什麼不利的影響。

那些嗜酒如命的人，只知自己暢飲而無所顧忌。但如果他能詳細的幫自己做一次全身檢查，真不知將嚇成什麼樣子呢！他將會看見自己正在把一個可怕的炸彈裝進腦子裡去，遲早會把他炸得粉碎；他將會看見自己正在把一種吸血蟲引進血管，讓牠在裡面把血液攪濁，或是一口一口的吸血，直到吸盡為止。總之，他將會看見自己全身各部分能力的迅速消退而大吃一驚，他一定將發誓從此與酒絕緣了。

殊不知，我們全身的組織，正如一架精巧細密的機器——智慧、精神、軀體無不極其精確的配合好了的。一旦有一部分發生障礙，便會牽動全身，無論缺失大小或是在哪一部門，它使你讀書、寫作、說話、思想都將受到極大的牽連。因為我們身上的缺陷隨時都會在我們的行動中表現出來。

有些失敗者往往為享樂所害。他們寧願安樂一時，也不願睜開眼來看看前面。他們以為隨意享樂也能達到成功，因此他們是不願為成功而花費心力的。這不是很奇怪嗎？一個人為什麼要為了享樂而拋棄一切呢？為什麼寧願享受一時的安樂，不顧未來長久的苦惱呢？

這種人為了一時的安樂，便讓一個個千載難逢的良機失之交臂。他們貪一時被窩中的安樂，便不願早起；外面天氣冷了一些，或是颳風下雨，就不肯出門。那些難逢的機會就從這些地方悄悄的溜了過去，不再回來。而他們自己呢？再也不會被燦爛的前途所吸引。他們唯一的目標就是怎樣安寧，怎樣省點氣力。只顧享樂的念頭，真是成功的最大敵人。

世上無數庸庸碌碌、地位卑微、薪酬菲薄的人，大半是那些畏難怕苦、不肯前進的人。他們寧願留在最低的一級，自得其樂，也不肯花些氣力，攀高幾級往上走。

大自然公平的創造了人類，從不對誰歧視。成功是任何肯努力、肯上進的人都應享有的權利。

英國從前有一個盲人，後來成為世界聞名的大音樂家、大慈善家和大數學家。有許多人慕名，跑去訪問他。他的妻子代他回答說：「他並不比任何人聰明，但是因為他能發展他的才能，隨時抓住機會，所以能有今日的成就。」我們從這幾句話中，便可以了解成功是怎麼一回事了。

再次強調：「有所為，有所不為」是成就大事業的基本前提。為了事業的成功，首先要努力戰勝自己貪圖享樂、虛度年華的行為做法。

做事不能意氣用事，更不能生氣

哲學家康德說：「生氣，是用別人的錯誤來懲罰自己。」的確，在怒火中放縱，無異於燃燒自己有限的生命。人生苦短，值得我們用心去品嚐的東西實在太多，耗費時間和精力去生氣，可以算是真正的愚行。

發生在四十多年前的一件事至今仍讓許多人感到非常遺憾：

一九六五年九月七日，世界撞球冠軍爭奪賽在美國紐約舉行。路易斯·福克斯的得分一路遙遙領先，只要再得幾分便可穩拿冠軍了。就在這個時候，他發現一隻蒼蠅落在白球上，他揮手將蒼蠅趕走了。可是，當他俯身準備擊球的時候，那隻蒼蠅又飛回到白球上來了，他在觀眾的笑聲中再一次起身驅趕蒼蠅。

這隻討厭的蒼蠅開始破壞他的情緒，而且更為糟糕的是，蒼蠅好像是有意跟他作對，他一準備擊球，牠就又飛回到白球上來，引得周圍的觀眾哈哈大笑。路易斯·福克斯的情緒惡劣到了極點，終於失去理智，憤怒的用球桿去擊打蒼蠅，球桿碰動了白球，裁判判他擊球違例，他因此失去了一輪機會。路易斯·福克斯方寸大亂連連失利，而他的對手約翰·迪瑞則愈戰愈勇，趕上並超過他，最後奪走了冠軍桂冠。第二天早上，人們在河裡發現了路易斯·福克斯的屍體，他投河自殺了！一隻小小的蒼蠅，竟然擊倒了所向無敵的世界冠軍！這是一件不該發生的事情。

其實，路易斯·福克斯完全可以採取另一種做法，那就是：擊你的球，不要理牠。當你的白球飛速奔向既定目標的時候，那隻蒼蠅還站得住嗎？牠肯定不攆自走，飛得無影無蹤了。

這個故事告訴我們，如果你跟自己的壞情緒斤斤計較，並不斷的任由壞情緒控制自己的行動，那麼，你的一時衝動可能會造成終生悔恨。

有時候，一個人感到心煩意亂時，會覺得周圍的一切都與自己的想法或做法相反，更奇怪的是有時還會自己生自己的氣，看什麼都不順眼。可往往就是自己的一時之氣，害了自己的一生。

所以，我們做什麼事情都不能意氣用事，更不能生氣。應該知道，生氣是解決不了問題的，生氣只會害了自己。人活在世上不容易，遇到不利的處境為什麼不動動腦子，先把氣壓一壓，好好想個辦法，把不利轉化成有利，也許一時衝動會壞了一件好事，只要靜下心來好好考慮，就會把壞事變成好事！

生氣傷害健康，生氣得罪他人，生氣敗壞事業，生氣令人失去理智，生氣讓人引火燒身。儘管我們都知道生氣不是一件好事情，但是在一些緊要關口，我們卻往往忍不住生起氣來，結果導致該做好的事情沒有做好，不該得罪的人卻得罪了。生氣之後，冷靜下來，我們莫不痛心追悔，莫不獨自默默承受生氣釀造的惡果。由此可見，控制正在噴發的怒火，難；而斬斷「怒」的根源，讓「氣」無從可生，更難。

我們的體驗一再告訴我們：制怒，看似小事，其實卻需要大胸襟和大智慧；不生氣，看似簡單平常，其實卻是一種人生的大境界和大氣度。做個不生氣的人，應該是我們每個人努力的目標。

不生氣的人，清心寡慾，心氣平和，讓人的內心減少了慾望的纏繞，遠離了慾望的煎熬，因此能享受到心靈的寧靜，情緒的平穩，使人擁有一顆健康的心。

不生氣的人，心胸寬廣，與人無爭。因為心胸寬廣，便能容納、諒解和消化人生的一切苦難與不幸；與人無爭，則可關閉災禍、爭端和屈辱的根本源頭。一個人若能做到心胸寬廣，與人無爭，平安和幸福必定會與他終生相伴。

不生氣的人，豁達灑脫，淡定從容。一個人，若豁達灑脫，便會不計小仇，不計小怨，不計小恨，不拘小節，便能大筆揮灑，快意人生；而淡定從容則使人處變不驚，逢挫不餒，遇榮不喜，見辱不悲。一個這樣的人，又怎麼能不獲得人生的寧靜與安詳呢？

我們每個人，都應該用心去生活，努力去修煉，都應該爭取早日成為一個不易於生氣的人。當你在生活上或工作中遇到讓自己生氣的事情時，你不妨讀一讀下面這首不氣歌：

人生就像一場戲，因為有緣才相聚。
相扶到老不容易，是否更該去珍惜。
為了小事發脾氣，回頭想想又何必。

面對**不愉快**，你可以選擇**一笑置之**

別人生氣我不氣，氣出病來無人替。

我若氣死誰如意，況且傷神又費力……

有時候，我們可能會在生活中遇到各式各樣的困難，但是，無論碰到什麼困難，都不要感到苦惱與恐懼，活著就要盡可能發揮自己活著的作用，活就要活個痛快。

你想擁有什麼樣的心情，取決於你自身的選擇——面對不愉快的事情，你可以選擇生氣，也可以選擇一笑了之。

分清值得去做和不值得去做的事

不值得做的事情千萬不要去做，不值得追求的目標千萬不要去追求，不管感情上如何難以割捨，都不要去做。因為不值得做的事，會讓我們消耗大量時間與精力，誤以為自己達到了某些目的，而實際上得到的卻只是虛幻的滿足感。

一九〇〇年七月，一位叫林德曼的精神病學專家獨自一人駕著一葉小舟駛進了波濤洶湧的大西洋，他在進行一項歷史上從未有過的心理學試驗，預備付出的代價是自己的生命。林德曼博士認為，一個人只要對自己抱有信心，就能保持精神和身體的健康。

當時，德國舉國上下都在注視著獨木舟橫渡大西洋的悲壯冒險。已經先後有一百多位勇士相繼駕舟橫渡大西洋，結果均遭失敗，無人生還。

博士認為，這些死難者並不是身體無法負荷，主要是死於精神上的崩潰，死於恐怖和絕望。

為了驗證自己的觀點，他不顧親友們的反對，親自進行了試驗。在航行中，林德曼博士遇到了難以想像的困難，多次瀕臨死亡，他的眼前甚至出現了幻覺，思想也處於麻木狀態，有時真有絕望之感。但只要這個念頭一升起，他馬上就大聲自責：「懦夫，你想重蹈覆轍，葬身此地嗎？不，我一定能夠成功！」

這個目標支持著林德曼，最後，他終於成功抵達了彼岸。

他在回顧這次航行時說：「我從內心深處相信一定會成功，這個目標在艱難中與我自身融為一體，它充滿了週身的每一個細胞。」他的試驗顯示，人只要對自己不失望，自己充滿信心，精神就不會崩潰，就可能戰勝困難而存活下來，並取得成功。

如果我們在平凡的生活中，已經幾乎沒有什麼具體的目標需要我們去努力，去證明，那麼這樣的生命也就失去了大半的意義，我們會放棄努力，成為瑣碎生活的奴隸。這正如一位學者所總結的「不值得定律」中所說的：不值得做的事情，就不值得做好。

這個定律似乎再簡單不過了，但是重要性卻時時被人們遺忘。不值得定律反映人們的一個心理，一個人如果從事的是一份自認為不值得做的事情，往往會保持敷衍了事的態度，不僅成功率低，而且即使獲得一點進步，也不會覺得有多大的成就感。

如果沒有適宜的目標，沒有明確的方向，整個人生就會變成「不值得」付出的旅程，就會像無舵之舟，脫韁之馬，到處飄蕩奔逸，最後不知所終的消失在輪迴中；在每天的生活中就可能成為不曉大義，只講小義，不明大勢，只看小勢的井底之蛙。看上去八面玲瓏，實際上缺乏更高的追求和更廣闊的視野，即使略有所成，也只能是杯水尺波。

人生如果沒有遠大的目標，一旦略有所成，馬上會沾沾自喜，迷失在已經走過的路上，而失去前進的方向。

每個人幾十年的生命，但真正用來做事的時間實際上卻是少之又少，即使勤奮如愛迪生，恐怕也只是利用了三分之一的人生而已。從這個意義上來說，我們做任何一件事情的機會成本是很高的。我們要把人生的主要精力用在那些值得的事情上，只有這樣，才不致虛度年華。

以主動追求，取代被動的等待機遇

亞歷山大在攻克了敵人的一座城市之後，有人問他：「假使有機會，你想不想把第二個城市攻佔？」

「什麼？」他怒吼：「我不需要機會！我可以製造機會！」

機遇不可能無緣無故的從天而降，機遇也不可能像路標一樣，就在前面靜靜的等著你。機遇具有隱蔽性，它是隱藏著的；機遇具有潛在性，它等待著開發；機遇具有選擇性，它只垂青那些在追求中、在動態中、在捕捉中的人。

這裡有一點十分關鍵。你是被動、消極的等待機遇，還是主動的去追求？等待機遇不像是等公車，時間到了車就來，機遇要看你的等待狀況如何。是碰上機遇、捉住機遇，還是失落機遇、再也沒有機遇，關鍵是看你是否在認真的準備著、在刻意的追求著。

有的人機遇就特別的多，為什麼呢？從他們的經驗中我們不難看出，他們有自己的一套接近機遇、創造機會的方法。為了贏得更美滿的人生，我們可以掌握和努力去實踐如下一些方法。

一、機會來臨時，要有快刀斬亂麻的魄力

有道是：「機不可失，時不再來。」

有些人，由於平時沒有養成主動接受挑戰的精神，當機會忽然來臨時，反而心生猶豫，不知該不該接受。於是，在患得患失之際，機會擦肩而過，悔之晚矣。因此，在平時就應養成主動接受挑戰的習慣。在良好的機會面前，一定要當仁不讓。

二、要努力表現出自己的才能

什麼是機會？有一種說法是，機會就是替自己的才華安裝聚光燈。

這說明，要抓住機會，僅僅有才能還不夠，還需要把才華顯示出來，讓身邊的人尤其是上司知道。這樣，機會光臨時，有時可能會有這樣的情形，你自己沒想到逮住這個機會，可上司卻因為覺得你有才華，而幫你逮住了這個機會，讓你喜出望外。

三、敢冒風險，以增加出人頭地的機會

「不入虎穴，焉得虎子。」要抓住機會，還得有點冒險精神。因為機會往往是跟風險疊合在一起的。要想抓住機會而又不敢冒一點風險，就會喪失許多可能導致人生重大轉折的機會，使自己的一生平淡無奇。因此，在精力旺盛的年齡，最適合扮演一下牛仔角色，為自己的人生增添一點傳奇色彩。

當然，敢於冒風險的人不會個個成功，也不會次次成功；但不敢冒險嘗試的人，注定會失去很多絕好的機會。

四、做每件事都比別人早一步

「好的開始是成功的一半。」這句話我們已聽過太多遍，事實上，大多數的人都沒有一個好的開始。好的開始來自於充分的準備，充分的準備來自於詳細的規劃，詳細的規劃來自於前瞻性的思考。

做每一件事情都要比別人早一步，都要比別人更迅速的掌握未來的動態，這就是生活中的成功者所擁有的觀念，這就是他們思考的模式，這也就是他們取得人生博弈勝利的祕訣。

五、做一個具有主動創新精神的人

當你認為有某一件事情應該要做的時候，就要主動去做。你認為你的公司應該創立一個新部門，開發一項新產品嗎？主動提出來。你想公司該有更好的設施嗎？主動找人商量，集資去購置這些設施。

主動的人也許一開始就單槍匹馬，但如果你的想法是積極可取的，不久，你會得到許多人的支持。

六、做一個毛遂自薦的人

我們每個人都曾有過這樣的經歷：我們想提出某一建議，但沒有提出來。為什麼？因為我們擔心、害怕。不是擔心我們不能完成那項工作，而是擔心我們身邊的人會說三道四，害怕別人諷刺挖苦。這些擔心和害怕使許多人失去了勇氣、打退堂鼓。

人人都想得到別人的支持，受人歡迎，這是很自然的，但也應問問自己：我應該得到什麼樣人的支持和贊同，是那些出於嫉妒而嘲笑我的人，還是那些靠實績取得進步的人？正確的答案顯而易見。

當你可以做到以上六點的時候，每一天都可以很輕鬆的達成你的目

標，因為你瞭解：好的開始就是成功的一半。所有最成功的人，都有一個良好的起始點。每一天都在做準備，每一天做的事情都是在為將來做準備。當你做了充分準備，機會來臨時就是你的；如果你沒有做好準備，不管任何機會都不是你的。

需要決定時不能猶豫，但不能草率

許多人都害怕做決定，因為每個決定對這些人而言，都是未知的冒險。而且最令人困惑的是，不知道這個決定是否重要。因為不知道這一點，他們毫無頭緒的浪費力氣，擔憂無數的問題，最後什麼都沒處理好。

在人生前進的道路上，有無數大大小小的事等著我們去決定。也許是因為過去犯了嚴重的錯誤，大部分的人只會往後看，站在那兒惋惜不已。「如果我知道得更多……」或「如果我有更多時間決定，每件事就會有很不一樣的結果」……我們沒有辦法可以知道每件事，但是有辦法可以在我們決定前多知道一些，也有辦法可以給自己多點時間思考。

做決定就像在我們不知道內心真的想要何物時隨手丟銅板一樣。焦慮感會逼迫、強制我們就目前所知的事實行動。很不幸的是，留給我們決定態度或所有選擇的時間太短了。瞬間的決定通常最軟弱，因為它們建基於只對目前有用的事實。結果總是不好，因為迫使我們這樣決定的力量，經常會扭曲了事實、混淆了真相。當所有的決定都取決於現在時，事實上最好的決定是老早以前就決定的那一個。

決定應該會反映我們的目標，假如目標是明確的，則要決定就比較容易。沒有目標的決定只是在那裡瞎猜而已。對我們最好的決定可能不是最吸引人的，或是能讓我們最快得到滿足的那一個，這就是為什麼「做決定」這件事顯得如此複雜的原因。

在生活中，讓人完全舒服的抉擇很少。人的一生中所做的重大決定，大都有退縮的時候。有時候放棄現在的享樂和做某些犧牲，是享受長期快樂的唯一法寶。有時候，做一些表面上看起來似乎比起另一選擇差的決定，是能達到目標的僅有的方法。

在能夠做出最佳決定前，我們必須先能分辨，這是個主要決定還是次要決定。主要決定值得我們花全部的或大量的注意力和精力；而次要的決定則不必要。經常做出正確決定的人，會忽略那些明顯的小缺點，因為它們對他們的生活沒什麼大的影響。但是，一旦他們相信小的疏漏會產生大的影響時，他們就會快速做出反應，然後採取相應的措施。

對長期的問題提出短期的解決之道，通常是不佳的決定。做出不佳決定的人，可能沒有意識到長期目標，或者只因為短期目標看起來比較容易做到，就選擇了它。有許多短期的目標是在害怕失敗的壓力之下決定的。試著花點時間來做決定，問問自己：「我會因等待而失去什麼？我可能贏得什麼？」雖然並不能總是確定決定是對的，但是花點時間來思考，其正確合理的可能性通常要大得多。

人們通常會做決定，因為他們不能夠容忍遲疑不決，特別是年輕人。由於社會的期待與影響，許多年輕人還不清楚自己到底想要什麼的時候就不得不做決定、做選擇、做計劃，並且去努力實現它們。於是，有些人在他們還猶豫不定時就做了選擇。儘管這樣做有時是不明智的、甚至是糟糕的，他們也還是會覺得解脫，感覺比較好過，但是他們很快就會發現更不好受。

遲疑不定有時會讓人感到困惑。但是通常在一陣困惑之後，有人就有可能放棄舊的想法和偏見，讓問題更清晰可見，把目標加以調整，根據另外的思路來做決定。從這個意義上說，猶豫不決可能是一個相當有價值的成長階段的開始，每個人都應當珍視並從中獲取一些有用的東西，彌補我們的缺陷。

草率做決定只是在逃避自我懷疑，但是這樣的做法只能將那些困惑疑慮暫時埋藏起來。在以後的時間裡，它們可能會在另外的事件面前再次浮現，變成更棘手的難題。當一些問題出現在我們面前需要解決時，逃避是不明智的。而且即使是一些小問題，如果得不到及時處理，最後也可能會成為超過我們能力的大問題。假如某個決定不能使人快樂，並不意味著它是錯誤的——因為沒有哪個決定會總是讓每個人都高興，我們只能選擇使目標完成更為容易的決定。

儘管我們主張果決的處世風格，但同時必須要注意：假如你不知道你的目標如何——就先別妄做決定！

chapter 3

有捨才有得，其關鍵在於捨得放棄

「捨得」一詞，原是佛家語，本意是講人生總會有捨有得，捨得之間互為因果。就好像一個裝滿水的杯子，只有把水喝掉或者倒掉之後才能再裝。這道理人人都懂，可惜並不是人人都能做得到。

面對現實中的種種誘惑，又有幾人能真正參悟「捨得」二字所蘊含的玄機？「捨」什麼，「得」什麼，往往只在一念之間，如何取捨只在乎我們一時的選擇和決定。有捨才有得，其關鍵在於捨得放棄。但對於如何放棄，什麼該放棄，什麼時候該放棄，我們往往會面臨艱難的抉擇。

捨棄是另一種人生的成長方式

不捨棄鮮花的絢麗，就得不到果實的香甜；不捨棄黑夜的溫馨，就得不到朝日的明艷。自然界是這樣，人生也是這樣，在人生幾十年的漫漫旅途中，有山有水，有風有雨，有捨棄「溫馨」和「絢麗」的煩惱，也有獲得「香甜」和「明艷」的喜悅，人生就是在捨棄和獲得的交替中得到昇華，進而到達更高層次的境界。不懂得捨棄的人，最終往往一無所獲。

歐洲有一種大型猛禽叫金雕，牠築巢於高山峭崖，以尖利的喙和強壯的爪，宣布自己是天空的王者。金雕一窩孵出兩隻幼雛。食物不足的年份，體重以驚人速度增加的小金雕就會挨餓，金雕媽媽也只能眼看著幼雛伸直脖子嗷嗷叫。這時，兩隻小金雕就會互相推擠，結果，總是相對弱小的那隻被擠出鳥巢摔死。

也許，人們難以理解金雕，但面對死亡，金雕必須如此；否則，就會全部餓死，在這種情況下，金雕必須選擇放棄。不僅是金雕，包括人類在內的所有動物，都可能時時面臨著痛苦的放棄問題。

然而，當人們在面對捨棄的問題時，卻常常表現得不夠果斷和明智。

兩個窮樵夫一直靠上山撿柴為生。有一天，他們在山裡發現兩大包棉花，兩人喜出望外——這些棉花的價格高過柴薪數倍，將這兩包棉花賣掉，足可供家人一個月衣食無憂！當下，兩人便各自背了一包棉花，打算趕路回家。

走著走著，其中一名樵夫眼尖，看到山路上有一大捆布，走近細看，竟是上等的細麻布，足足有十多匹。他欣喜之餘，便和同伴商量，打算一同放下肩負的棉花，改背麻布回家。

他的同伴卻有不同的想法，認為自己背著棉花已走了一大段路，到了這裡丟下棉花，豈不枉費自己先前的辛苦？因此，他堅持不願換麻布。見同伴不聽，先前發現麻布的樵夫只得自己竭盡所能的背起麻布，繼續前行。

又走了一段路後，背麻布的樵夫望見林中閃閃發光，待走近前一看，地上竟然散落著一大堆黃金。他心想：這下真的發財了，急忙放下肩頭的麻布，並勸同伴放棄棉花，改用挑柴的扁擔來挑黃金。

他的同伴仍是那套理由，不願丟下棉花；並且懷疑那些黃金不是真的，勸他不要白費力氣，免得到頭來空歡喜一場。

發現黃金的樵夫只好自己挑了一擔黃金，和背棉花的夥伴趕路回家。走到山下時，突然下了一場大雨，兩人在空曠處被淋得濕透。更不幸的是，背棉花的樵夫肩上的大包棉花，吸飽了雨水，重得讓樵夫無法再挪動半步。背棉花的樵夫不得已，只能丟下一路辛苦捨不得放棄的棉花，空著手和挑著黃金的同伴回家了。

這個故事告訴我們：魚與熊掌往往是不可兼得的。在人生的每一個關鍵時刻，你必須審慎的運用你的智慧，做出果斷的判斷和取捨，有所選擇，有所放棄，選擇正確方向，放棄那些可能成為累贅的一切。這樣，才能輕裝前進，更好的實現自己的理想。

每個人都學會適時適當的選擇，懂得恰到好處的放棄是非常必要的。

選擇是人生成功路上的航標，只有量力而行的睿智選擇，才會擁有更輝煌的成功；放棄是智者面對生活的明智選擇，只有懂得何時放棄的人，才會獲得幸福和滿足。

其實，捨棄是自然界的規律，捨棄是人生的一種成長方式，是一種智慧，是一門學問，是一項藝術。人生需要執著，但執著是因為有了眾多放棄才閃耀光華；人生需要捨棄，有了明智的捨棄，才能獲得自己真正最需要的東西。

能學會取捨，才能掌握命運

法國生理學家貝爾納說：「構成我們學習上最大障礙的是已知的東西，而不是未知的東西。」愛因斯坦也說過：「我學會了識別那些導致深邃知識的東西，而把其他許多只是充塞耳目、會轉移主要目標的東西撇下不管。」

俗話說：「成人不自在，自在不成人。」一個人一生一世，熙熙攘攘，挑肥揀瘦，朝三暮四，為了什麼，還不是為自己選擇一條拘束自己的鎖鏈嗎？古人云：「福兮禍所伏，禍兮福所倚。」當你名利雙收之際，也就招來了雙重的捆綁，戴上了雙重的鎖鏈，這就是命運給自己的代價。所以，一個人應該學會取捨，掌握命運。

古時有位高人在給慕名前來學習的人第一次講道理時，他先拿了一杯裝滿黑顏料的水杯，然後再往這杯子裡倒清水。杯裡的水不斷外溢，而杯中水仍有黑色顏料混在其中。這時，那高人對求學者說：「要想得到一杯清水，必先倒掉髒水，洗淨杯子，學習也是如此。」

有追求必有所放棄，在學習方面也是如此。要在學業上取得更大的進步，就需要不斷拋棄陳舊的觀念，更新知識，不斷調整改變思維方式。

放棄，對每一個人來說，都是一個痛苦的過程，因為放棄意味著永遠不再擁有；但是，不會放棄，想擁有一切，最終你將一無所有，這是生命的無奈之處。你必須學會放棄，選擇適合你自己擁有的；否則，生命將難以承受！

古希臘寓言家伊索曾經講過這樣一個故事：

有一種動物叫做河狸，牠的尾巴是一種治病良藥，很多人都想獲得。聰明的河狸在被人們追急了時候，想出一個逃生辦法，牠把尾巴撕掉拋下，人們獲得了需要的東西，就不再追趕牠。

伊索這則寓言具體的說明了一種得與失的相對關係。人是有思維、會說話的「萬物之靈」，理所當然要比河狸更懂得生活中捨棄與獲得的道理，必要的捨棄是為了更好的獲得。「萬事如意」、「心想事成」、「只

有想不到，沒有辦不到」……這些話更多時候只是禮節中的祝賀用語，或是一廂情願的心理滿足罷了，在現實生活中，其實是不存在的，因為它不符合生活的現實。

有人說，人生之難勝過逆水行舟，此話不假。人生在世界上，不如意的事情佔十之八九，獲得和捨棄的矛盾時刻困擾著我們，明白了捨棄之道和獲得之法，並運用於生活，我們就能從無盡的煩惱中解脫出來，在人生的道路上進退自如、豁達大度。

有位哲人說過，人生最遠的距離是「知」和「行」。有捨棄才有獲得，道理誰都懂得，可是要照著去做，那可就不容易。不容易在哪裡？外面的世界很精彩，捨棄很痛苦。外面的精彩世界裡充滿著誘惑，要捨棄的事情有時很美麗，不知道哪些是該追求的，哪些是該捨棄的，就像那個故事中貪心的人到太陽山上去背金子，由於想獲得的太多，結果被太陽燒死了。

生活在塵世中的人們，有一個可悲的心理，就是「終朝只恨聚無多」，做什麼都想贏，捨棄談何容易？人們的獲得總是在得與失、成與敗之間

有捨才有得，其關鍵在於捨得放棄

的選擇，選擇的特點是得到總是伴隨著失去。人不可能同時到兩個地方去，獲得不會是天上掉餡餅，總是要付出失去的成本，人們煩惱的根源就在於不願意為自己的獲得付出失去的成本。總是以自己沒有的去與人家擁有的比，這樣，煩惱當然會時刻伴隨在你的左右。

得與失總是一體的兩面，在眾多的擁有中，我們每一個人只能是一部分擁有。什麼都想擁有的人，遲早要受到生活的懲罰。現實生活中這樣的例子比比皆是。在生活中，你得到了事業，很可能就要失去生活；你堅持了原則，可能就會失去朋友；你捨不得生活的安逸，就得不到下海衝浪的收獲。什麼都想得到的人，結果什麼都得不到，到頭來一無所有。捨棄有時會有峰迴路轉的效果，「捨棄」中會有「獲得」的轉機，因為你為獲得付出了成本，生活的哲學是最講信譽的，她總有一天要回報你。

做人是需要成本的，有好的人生選擇，也有壞的人生選擇，卻沒有不要成本的選擇。什麼是機會成本？機會成本是經濟學中的一個重要的概念，經濟學家把為了得到某種東西而放棄的其他東西稱為得到某種東西的機會成本，一般是指人們在面臨多種選擇的時候，選擇其中的一種而可能造成的損失。

有這樣一個故事：

一位母親正在廚房裡做飯，突然聽到三歲的兒子在客廳裡號啕大哭。原來兒子把手插進了一個花瓶裡拔不出來。母親趕緊上前去幫忙，使盡渾身解數，兒子的手還是拔不出來。萬般無奈之下，母親只好打碎了這個價值不菲的古董花瓶。兒子的手安然無恙的出來了，卻緊緊的握成拳。

是不是抽筋了？母親心裡忐忑不安，於是她掰開兒子的小手，發現兒子手裡握著一枚五塊錢的硬幣。原來兒子的手不是拔不出來，而是他為了抓住這枚五塊錢的硬幣而不願鬆開自己的拳頭。

多麼天真的孩子！因為不肯放棄他手中那區區五塊錢的硬幣而毀掉了一個昂貴的花瓶，他不明白他放棄那枚硬幣的機會成本居然有一個古董花瓶那麼大。可以肯定的是，他長大後一定會明白自己當初的選擇是錯誤的。

其實，在現實生活我們又何嘗不是經常犯著和故事中那個小孩同樣

PART 3

有捨才有得，其關鍵在於捨得放棄

的錯誤呢？在這個充滿競爭的社會裡，我們迷信於執著的追求和堅持，在各種利益誘惑的面前過分執著，不甘心後退一步，因為蠅頭小利朋友可以背信棄義，因為雞毛蒜皮的小事兄弟可以手足相殘。難道我們就不能退一步，選擇放棄嗎？

人們通常會認為放棄就是承認失敗。其實不然，從經濟學上來講，放棄是對各種機會成本進行考慮後做出的一種選擇，是對有限資源的再分配。透過放棄可以把有限的資源從利用效率較低的領域轉移到利用效率更高的領域，進而獲得總體的改善。

我們耳邊經常能聽到這樣一句諺語：退一步，海闊天空。這句諺語可以說是機會成本的精闢展現。「退一步」的實質是放棄，放棄我們原來所堅持的觀點或事物，進而選擇另一種立場或處事方式。在關鍵的時候，要勇於做出決定，勇於進行取捨，雖然那意味著自己不得不放棄一些什麼。放棄是一種選擇，也是我們人生的一筆財富。

拿得起，放得下，坦然面對得失

愛因斯坦說：「一個人真正的價值，首先在於他在多大程度上和什麼意義上從自我中解放出來。」俗話說：「要拿得起，放得下。」這話頗有哲理，對於我們做人來說也是極富於啟迪意義的。所謂「拿得起」，指的是人在躊躇滿志時的心態；而「放得下」，則是指人在遭受挫折、遇到困難、辦事不順暢、無奈之時應採取的態度。一個人來到世間，總會遇到順逆之境、進退之間的各種情形與變故。范仲淹說：「不以物喜，不以己悲。」有了這樣一種心境，就能對大悲大喜、厚名重利看得很小、很輕、很淡，自然也就容易「放得下」了。

「不將戲事擾真情，且可隨緣道我贏。」王安石的這兩句詩，將「戲事」與「真情」區分得十分清楚。按照我們的理解，所謂「戲事」，就是指那些能拿得起、也該放得下的事。能做到如此隨和且隨緣的看待人生旅途中的一切利害得失與禍福變故，一個人豈有不會「道我贏」之理？

縱觀一個人的人生道路，大都呈波浪起伏、凹凸不平之狀，難怪乎古人要說「變故在斯須，百年誰能持」了。但是，當一個人集榮耀富貴於一身時，他是否想到會有高處不勝寒的危機、有長江後浪逐前浪的窘迫呢？好吧！那就不要過分貪戀巔峰時的榮耀和風光，趁著巔峰將過未過之時，從容的撤離高地，或許下得山來還有另一番風光呢！

有一個奧運柔道金牌得主，在連續獲得一〇三場勝利之後卻突然宣布退役，而那時他才二十八歲，因此引起很多人的猜測，以為他出了什麼問題。其實不然，他是明智的，因為他感覺到自己運動的巔峰狀態已是明日黃花，而以往那種求勝的意志也迅速落潮，這才主動宣布撤退，去當了教練。

應該說，這位運動員的選擇雖然若有所失，甚至有些無奈，然而，從長遠來看，卻也是一種如釋重負、坦然平和的選擇。比起那種硬充好漢者來說，他是英雄，因為他畢竟是消失於人生最高處的亮點上，給世人留下的是一個微笑。

老話說得好：「最大的一步是在門外。」可見，這種撤退的後面並非一片空白，也常不乏新的人生機遇。如同一切時髦的東西都會過時一樣，一切的榮耀或巔峰狀態也都會被拋到身後或煙消雲散。因此，做一個明智的人，既然「拿得起」那頗有份量的光環，也同樣應當「放得下」它，進而使自己步入柳暗花明的新天地，做出另一種有意義的選擇。這樣，我們又有什麼惆悵或遺憾的呢？

美國第一位總統、開國元勳華盛頓連任一屆總統後便堅持不再連任。他卸任時，坦然的出席告別宴會，坦然的向人們舉杯祝福。次日，他又坦然的參加了新任總統亞當斯的宣誓就職儀式。然後，他揮動著禮帽，坦然的回到了家鄉。這一瞬間，已給歷史留下了永恆的光彩。

「拿起」之後又「放下」，這裡面的大勇氣和坦誠怎能不令人欽佩啊！人生旅途中，總會遇到某些不得已的情況而不得不「放下」的時候。比如，一個人到了年邁體衰時，就有突然遭遇「被剝奪」輝煌的可能，這當然也是考驗人如何對待「拿」和「放」的時候。

理智一些，少一些衝動與僥倖

我們每做一件事情，實際上都在播撒著得失的種子，但我們又常常處於無意識的漫不經心之中，直到它開了花甚至結出果來，才大吃一驚。

齊國的將軍田忌經常同齊威王賽馬。他們賽馬的規矩是：雙方各下賭注，比賽共設三局，兩勝以上為贏家。然而每次比賽，田忌總是輸家。

這一天，田忌賽馬又輸給了齊威王。回家後，田忌把賽馬的事告訴了自己的參謀孫臏。孫臏是軍事家孫武的後代，飽讀兵書，深諳兵法，足智多謀，被龐涓謀害失去了雙腿。來到齊國後，很受田忌器重，被田忌尊為上賓。孫臏聽了田忌談他賽馬總是失利的情況後，說：「下次賽馬你讓我前去觀戰。」田忌非常高興。

又一次賽馬開始了。孫臏坐在賽馬場邊上，很有興趣的看田忌與齊威王賽馬。第一局，齊威王牽出自己的上馬，田忌也牽出了自己的上馬，結果跑下來，田忌的馬稍遜一籌。第二局，齊威王牽出了中馬，田忌也以自己的中馬與之相對。第二局跑完，田忌的中馬也慢了幾步而落後。第三局，兩邊都以下馬參賽，田忌的下馬又未能跑贏齊威王的馬。看完比賽回到家裡，孫臏對田忌說：「我看你們雙方的馬，若以上、中、下三等對等的比賽，你的馬都相對的差一點，但懸殊並不太大。下次賽馬你按我的意見去做，我保證你必勝無疑，你只管多下賭注就是了。」

這一天到了，田忌與齊威王的賽馬又開始了。第一局，齊威王派出那頭健步如飛的上馬，孫臏卻讓田忌出下馬，一局比完，自然是田忌的馬落在後面。可是到第二局形勢就變了，齊威王出以中馬，田忌這邊對以上馬，結果田忌的馬跑在前面，贏了第二局。最後，齊威王剩下了最後一匹下馬，當然被田忌的中馬甩在了後面。這一次，田忌以兩勝一負而取得賽馬勝利。

由於田忌按孫臏的吩咐下了很大的賭注，一次就把以前輸給齊威王的都賺回來了不說，還略有盈餘。

田忌以前賽馬的辦法總是一味硬拚，希望一局也不要輸，結果因自己總體實力差那麼一點，總是比輸。孫臏則巧妙運用自己的優勢，先讓掉一局，然後保存實力去確保後兩局的勝利，這樣便保證了整體的勝利。

在生活中，有時我們掌握不住得失，是因為有的得失過於深刻，我們缺乏洞察它的遠見卓識；有的得失似是而非、亦真亦假，我們少了一些分析與思考；有的得失雖然一目瞭然，我們卻又因一時衝動，而做出了錯誤的選擇。得失不會顧及我們的感覺，它需要與理性為伍。

隱性的得失容易被人忽視。人們難以駕馭、反而被它所左右的，往往是隱性得失。所謂隱性得失，就是那些非顯而易見的或是容易混淆的得失。有的得失藏匿很深，而且潛伏期很長，一般人是很難掌握的；但有的隱性得失隱藏得並不深，我們掌握不住它，是因為我們的忽視，或是欠缺了一些思考。

為什麼上當受騙的事屢屢發生？並不是騙子有多高明，許多騙局根本用不著多想，只要稍微想一想就能看破它，但我們在利慾熏心的時候，眼睛只會盯著「得」，如同看魔術表演，只看表演者的精彩之處，而不會去注意他的破綻。

例如幸運信，莫名其妙的來信中說：你一定要按同樣的方法給其他人寫一封信，要不然你就會大難臨頭了。如此笨拙的騙局居然也有不少人相信。再後來發展到各式各樣的詐騙手法，其實都是傻乎乎的遊戲，居然還有那麼多的人乖乖的把錢塞進騙子的口袋。

因為眼前的利益容易讓人動心。人之所以目光短淺，並不見得都是「視力」太差，而是因為我們太現實了：眼前的「得」，我們不能放棄；眼前的「失」，我們又不能忍受。

其實，我們面對的種種得失絕大多數不需要用遠見卓識來判別，有的明知是不可為的，只是因為對眼前的誘惑或失落過於衝動，才不計後果。只要我們理智一些，少一些衝動與僥倖，就能夠冷靜的對待眼前的得失。

有時需捨棄小利，才能夠掌握全局

人生中的許多煩惱都源自於得與失的矛盾。如果單純就事論事，兩者涇渭分明，水火不容；但是，從人的生活整體而言，得與失又是相互聯繫、密不可分的，甚至在一定的程度上，我們可以將其視為同一件事情。不唯得失如此，諸如：福禍、利弊、進退、成敗、貴賤等也都像孿生姐妹一樣彼此相倚相扶、難分難捨。

我們不妨動動腦筋認真想一想，在生活中有什麼事情純粹是利，有什麼東西全然是弊？顯然沒有！所以，凡是明白人都懂得，天下之事，有得必有失，有失必有得，得失同生。

春秋戰國時期的宓子賤，名不齊，是孔子的弟子，魯國人。有一次齊國進攻魯國，戰爭迅速向魯國單父地區推進，而此時宓子賤正擔任單父宰相。當時正值麥收季節，大片的麥子已經成熟了，不久就能夠收割入庫了，可是戰爭一來，眼看到手的糧食就會讓齊國搶走。當地父老向宓子賤提出建議，說：「麥子馬上就熟了，應該趕在齊國軍隊到來之前，讓咱們這裡的老百姓去搶收，不管是誰種的，誰搶收了就歸誰所有，肥水不流外人田。」另一個也認為：「是啊！這樣把糧食打下來，可以增加我們魯國的糧食，而齊國的軍隊也搶不走麥子作軍糧，他們沒有糧食，自然也堅持不了多久。」儘管鄉中父老再三請求，宓子賤堅決不同意這種做法。過了一些日子，齊軍一來，把單父地區的小麥一搶而空。

為了這件事，許多父老埋怨宓子賤，魯國的大貴族季孫氏也非常憤怒，派使臣向宓子賤興師問罪。宓子賤說：「今天沒有麥子，明年我們可以再種。如果官府這次發布告示，讓人們去搶收麥子，那些不種麥子的人則可能不勞而獲，得到不少好處，單父的百姓也許能搶回來一些麥子，但是那些趁火打劫的人以後便會年年期盼敵國的入侵，民風也會變得越來越壞，不是嗎？其實單父一年的小麥產量，對於魯國的實力的影響微乎其微，魯國不會因為得到單父的麥子就強大起來，也不會因為失去單父這一年的小麥而衰弱下去。但是如果讓單父的老百姓，以至於魯國的老百姓都存有這種借敵國入侵獲取意外財物的心理，這是危害我們魯國的大敵，這種僥倖獲利的心理難以整治，那才是我們幾代人的大損失呀！」

宓子賤自有他的得失觀，他之所以拒絕父老的勸諫，讓入侵魯國的齊軍搶走了麥子，是認為失掉的是有形的、有限的那一點點糧食，而讓民眾存有僥倖得財得利的心理才是無形的、無限的、長久的損失。得與失應該如何捨取，宓子賤作出了正確的選擇。無數史實顯示，一個人只有深謀遠慮、從整體上分析和進行判斷，顧全大局，捨小取大，才做出正確的選擇和決策。如果目光短淺，為小利所蒙蔽，就容易招致災禍。

下面這個歷史故事則是一個發人深省的「反面教材」。

春秋時候，晉國是一個大國，它的旁邊有兩個小國，一個是虞國，一個是虢國。這兩個小國是鄰國，國君又都姓姬，因此關係非常密切。

虢國和晉國接壤的地方經常發生衝突，晉獻公想滅掉虢國。但是他剛說出這個想法，大夫荀息就勸他說：「虞國和虢國兩國唇齒相依，如果我們攻打虢國，虞國肯定會出兵救援，這樣我們不一定能佔什麼便宜。」晉獻公問：「難道我們拿虢國沒辦法了嗎？」荀息給晉獻公出了一條計策：「虢公荒淫好色，我們可以送給他一些美貌的歌女舞女。這樣他就會縱情享樂，荒疏政務，我們就有機會攻打他們了。」晉獻公就派人送了一些歌女舞女給虢公。

虢公大喜，果然成天荒淫享樂，不理朝政。晉獻公問荀息，現在可以攻打虢國了嗎？荀息說：「如果我們現在攻打虢國，虞國還是會出兵救援，還得用計離間他們。攻打虢國要經過虞國，我們可以向虞公送上一份厚禮，向虞國借道，這樣他們兩國就會互相猜疑，我們就可以從中取利了。」晉獻公一狠心，把晉國的國寶一匹千里馬和一對價值很高的白璧作為禮物，派荀息送給虞公。荀息到了虞國，奉上禮物，虞公看著殿前的這匹千里馬，只見牠身長一丈五尺開外，高一丈有餘，通體潔白並無一根雜毛，馬頭高高的仰著，氣宇軒昂，似乎隨時都能乘風而去，這匹馬果然不比凡馬。荀息見虞公看得兩眼發直，在一旁說：「這匹千里馬日行千里，夜走八百，乃是我們晉國的國寶。」虞公聽了不停的點頭。荀息對虞公說：「您再看看這對白璧，色澤白淨如羊脂，拿在手裡觀賞，寶光奪目，溫潤可人，這麼大的白璧沒有一點瑕疵，雕琢得渾然天成，這也是我們晉國的國寶。」虞公把白璧拿在手裡細細賞玩，看得眼珠子都要掉出來了。這時他唯恐荀息再把這些寶物要回去，急忙問荀息：「貴國送我這兩件寶物，是不是有什麼事要我幫忙？」荀息恭恭敬敬的說：「我們要討伐虢國，想要向貴國借一條道，如果我們打勝了，所有的戰利品都送給貴國。」虞公一聽，晉國的條件對虞國來說簡直不費吹灰之力，趕忙滿口答應下來。

大夫宮之奇勸諫虞公道：「且慢，此事萬萬不可答應，虢國和我國是近鄰，有事互相照應，兩國的關係就好比嘴唇和牙齒，嘴唇要是沒了，牙齒就會覺得寒冷；要是虢國被消滅了，我們虞國也就危險了。」虞公現在所有的心思都在這兩件寶物上，哪能把咽進嘴裡的美味再吐出來？虞公心裡知道宮之奇說得有道理，但是他看看那匹神駿的千里馬，再看看案几上溫潤無瑕的白璧，沉吟了一會兒說：「晉侯把國寶都送給我們了，可見他們的誠意，雖然失去虢國這個朋友，但結交強大的晉國，這對虞國來說還是很有利的啊！」宮之奇還想再勸諫，站在他身邊的大夫百里奚把他制止了。

散朝之後，宮之奇問百里奚：「晉國送我們禮物，明顯是不安好心，你為什麼不讓我勸諫國君？」百里奚回答：「你看國君對那兩件寶物那麼著迷，他哪會聽你的話？你這是把珍珠扔到地上啊！」宮之奇預見到虞國很快就要遭到滅頂之災，於是悄悄的舉家潛逃了。

過了不久，晉獻公派大將理克和荀息帶領大軍討伐虢國，晉軍借道經過虞國的時候，虞公還親自出來迎接，他對理克說：「為感謝貴國的盛情，我願意帶兵助戰。」荀息回答道：「您要是願意幫助我們，還是幫我們騙開虢國的關卡吧！」虞公按照荀息的計策，帶兵假裝援助虢國，幫晉軍騙開了虢國的關卡，晉國大軍很快就滅了虢國。理克分了很多戰利品給虞公，虞公看到一車車的金銀珠寶和美女，樂得嘴都合不攏了。

理克藉機稱病說要把大軍駐紮在虞國都城外休息幾天。

這一天，有人報告虞公：「晉獻公到城外了。」虞公趕忙驅車出城迎接，兩位國君一見面，晉獻公對虞公說：「這次滅虢國，貴國對我們的幫助很大。現在我特地前來致謝，今日天氣晴朗，我們一起去打獵如何？」虞公很高興的答應了，晉獻公又說：「圍獵必須多派些人同去，貴國士兵熟悉本地的地形，還請您多帶些人。」虞公把全城的兵馬都調出城打獵，他們正在圍場上打獵，忽然看見百里奚飛馳而至，他急沖沖的對虞公說：「出事了，您趕快回去吧！」虞公趕忙回城，到城門邊一看，城門緊閉，吊橋高懸，城門樓上閃出一員晉軍大將，他得意洋洋的對虞公說：「上次多謝你們借道讓我們滅了虢國，現在我們順手把虞國也滅了。」虞公一聽，嚇得面如土色，他回頭一看，身邊只剩下百里奚了，虞公想起當初宮之奇勸諫自己的話，後悔不迭的對百里奚說：「當初宮大夫良言相勸，我怎麼就不聽呢？唉，果然是唇亡齒寒啊！」

這時候，晉獻公帶人馬也到了，他見到虞公眉開眼笑的說：「我這次到虞國來，就是要親手取回我們的兩件寶貝的，不過看在你幫我們滅了虢國，並且把虞國也拱手相讓的份上，我另送你一對玉璧和一匹千里馬吧！」

人無遠慮，只顧眼前利益，必有近憂。開闊思路，以全面的觀點看待事物，捨棄小利，才能夠掌握全局，正確預見未來，做出正確的決策。

許多時候，主動放棄也是一種睿智

有一個遊戲節目。對於每一個參與者來說，總有許多夢想會被實現，但也總有前面的陷阱在等待著你。主持人總是面帶微笑問參與者：「繼續嗎？」如果繼續就有兩種結果，一個是成功，接著往前進；一個是失敗，退回到你原來的起點。不進則退，不可能讓你在原地待著，還能保持已經取得的成績。答對十二道題的人並不多。但是，很多選手，都是一直往前，有好多人，已經到了第八道題，但因為一次失誤，又回到了從前的點數。

那天，一個答題的人一直很幸運，一路到了第九道題。他懷孕的妻子就在台下，刪去一個錯誤答案、打熱線給朋友、求助現場觀眾，他都用過了。到了第九題，當他把自己所有設定的家庭夢想都實現後，主持人問：「繼續嗎？」

「不。」他說：「我放棄。」看到這裡，很多觀眾都是一愣，主持人也一愣。因為很少有人放棄，那是在全國電視觀眾面前，失敗或成功都可以理解，本來就是一場智力加機遇的遊戲。

但他放棄了。

主持人繼續問他：「真的放棄嗎？」而且一連問了三次。

他連猶豫都沒有，然後點頭，真的放棄。

「不後悔？」主持人問。

他笑著說：「不後悔，因為應該得到的已經得到了。」

最終，他只答了九道題，沒有接著衝向完美的十二道，但是他說，已經很滿足了，因為人生有許多東西必須要放棄才會得到。

另一位主持人問他：「如果將來你的孩子長大後問你：『爸爸，那天在節目裡你為什麼放棄了？』你會怎麼說？」

他說：「我會告訴他，人生並不一定非要走到最高點。」

主持人說：「那你的孩子如果問：『那我以後考八十分就滿足了。』你怎麼說？」

他笑著說：「如果他覺得高興，如果他付出自己應該付出的努力，那麼我認同。」全場響起了熱烈的掌聲。

那是一種更豁達的人生態度吧！一直以來我們都以為要追求、永遠追求，要一直向前，哪怕跌得頭破血流，爬山時我們要達到山頂，在半山腰上停下的人會被看不起，跑步時我們要衝過終點線，彷彿那才是唯一的目的。從來不知道，原來，放棄也可以是一種快樂，一種睿智。

現代社會，經濟快速發展，科技日新月異，物質日益豐富，人們所面對的選擇與誘惑也越來越多。在這樣的背景下，如何選擇取捨實在是一個難題。然而，貪大求全卻成了一些人的通病：做學問的總想整理出大而全的「體系」，做生意的唯恐遺漏任何一個賺錢的機會；就連吃喝宴請也要講究「十全大補」和「滿漢全席」。但是，又有多少人會想到，人的時間、精力以及胃口是有限的，一味的貪大求全，什麼好處都想佔到，最後難免顧此失彼，甚至鬧出各種毛病來。所謂「少則得，多則惑」，「夫唯不爭，故天下莫能與之爭」。這些觀點，到了今天仍然發人深省。

有時放棄是為了更大步的前進

在某個特定的時刻，你只有勇於捨棄，才有機會獲得更長遠的利益。即使遭受難以避免的挫折，你也要選擇最佳的失敗方式。

古希臘的佛里幾亞國王葛第士以非常奇妙的方法，在戰車的軛上打了一串結。他預言：誰能打開這個結，就可以征服亞洲。一直到公元前三三四年還沒有一個人能將繩結打開。這時。亞歷山大率軍入侵小亞細亞，他來到葛第士繩結前，不加考慮便拔劍砍斷了它。後來，他果然一舉佔領了比希臘大五十倍的波斯帝國。

一位年輕人到一家餐館應徵，老闆問：「在人群密集的餐廳裡，如果你發現手上的托盤不穩即將要掉落該怎麼辦？」許多應徵者都答非所問。這個年輕人答道：「如果四周都是客人，我就要盡全力把托盤倒向自己。」最後，這位年輕人被聘用了。

亞歷山大果斷的劍砍繩結，說明他捨棄了傳統的思維方式；年輕人果斷的把即將傾倒的托盤朝向自己，才保證了顧客的利益。

在許多年前的一次國際西洋棋比賽中，一個名為法蘭克．馬歇爾的棋手走了一招常被讚譽為「最美妙一著」的棋。在那重要的一局中，他與對手——一位俄國大師——勢均力敵。馬歇爾的「王后」受到圍困，但要殺出重圍，仍是有幾個辦法可想的。由於王后是最重要的進攻棋子，觀戰的人都以為馬歇爾會依常規，把王后走到安全的地方。馬歇爾對著棋局苦思，時間到了，他拿起王后，略一停頓，隨即下在最不合常理的方格內——在那裡，敵方有三枚棋子可以把王后吃掉。

馬歇爾在緊要關頭放棄王后。

太不可思議了，觀棋的人和馬歇爾的對手都吃了一驚。接著，俄國棋手和其他的人都恍然大悟，明白了馬歇爾走的是極高明的一招。不論對方用哪個子吃王后，都會立陷頹勢。俄國棋手看出自己敗局已定，只好認輸。馬歇爾以大膽罕見的招數贏了對手：犧牲王后，贏了棋局。

一個棋手是否贏了一場比賽並不重要，甚至他的棄后妙招也不重要，重要的是他能夠撇開傳統的想法，去考慮這一招。他不囿於傳統方式，願意根據自己的判斷，並純憑自己的判斷，走這一險招。不管棋局結果如何，馬歇爾都是真正的勝利者。

有時，為了顧全大局，保護更大的利益，也要學會暫時捨棄相對較小的利益。人生總是有得有失，有時放棄是為了大踏步前進。放棄是真正的勇氣，也是真正的智慧。

識時務者為俊傑，好漢要吃眼前虧

「識時務者為俊傑。」所謂俊傑，並非專指那些縱橫馳騁如入無人之境、衝鋒陷陣無堅不摧的英雄，而應當包括那些看準時局，能屈能伸的精明處世者。

俗話說：「好漢不吃眼前虧。」在現實生活中，有時吃點小虧反而能佔大便宜，所以，有人將這句話改為：「好漢要吃眼前虧。」中國人向來提倡「以忍為上」、「吃虧是福」，這是一種玄妙的處世哲學。

我們不妨做這樣一個假設：

你和別人開車時擦撞，對方的車只是「小傷」，甚至可以說根本不算傷，你不想吃虧，準備和對方理論一番，可是對方車上下來四個彪形大漢，個個橫眉怒目，圍住你索賠，眼看四周荒僻，更不可能有人對你伸出援手。請問，你要不要吃「賠錢了事」這個虧呢？

你當然可以不吃，如果你能「說」退他們，或是能「打」退他們，而且自己不受傷！如果你不能說又不能打，那麼看來也只有「賠錢了事」了。你說他們蠻橫無理也罷，欺人太甚也罷，但你應該明白，眼前虧不吃，換來的可能是更大的損失！

由此可見，「好漢要吃眼前虧」的目的是以吃「眼前虧」來換取其他的利益，是為了生存和實現更高遠的目標，如果因為不吃眼前虧而蒙受巨大的損失，甚至把命都丟了，哪還談得上未來和理想？

可是，有不少人一碰到「眼前虧」，會為了所謂的「面子」和「尊嚴」而與對方搏鬥，有些人因此而一敗塗地，有些人雖然獲得「慘勝」，卻元氣大傷！

現實生活是殘酷的，很多人都會碰到不盡如人意的事情。殘酷的現實需要你對人俯首聽命，這樣的時候，你必須面對現實。要知道，勇於硬碰，雖不失為一種壯舉，可是看不清時勢，硬要拿著雞蛋去與石頭鬥狠，只能算作是無謂的犧牲。這樣的時候，就需要用另一種方法來迎接生活。不妨拿出一塊心地，擱置不平之事，閉起雙眼，權當不覺。和朋友相處就更該如此，要樹立起「吃虧是福」、「讓人一步天地寬」的觀念。

魏國的大夫宋就被派到一個小縣去擔任縣令，這個縣正好位於魏國與楚國的交界處，這地方盛產西瓜。雖然同處一地，可是兩國村民種西瓜的方式和態度卻大不一樣。

魏國這邊的村民種瓜十分勤快，他們經常擔水澆瓜，所以西瓜長得快，而且又甜又香。楚國這邊的村民種瓜十分懶惰，又很少給西瓜澆水，所以他們的瓜長得又慢又不好。楚國這邊的縣令看到魏國的西瓜長得那麼好，便責怪自己的村民沒有把瓜種好。而楚國的那些村民卻沒有從自己身上找原因，只是一味怨恨魏國的村民，嫉妒他們為什麼要把瓜種得那麼大那麼香甜。於是，楚國這邊的村民就設法去破壞魏國村民的瓜田。每天晚上，楚國村民輪流著摸到魏國的瓜田，踩他們的瓜，扯他們的籐，這樣，魏國村民種的瓜每天都有一些枯死掉了。

魏國村民發現這個情況後，十分氣憤，他們也打算夜間派人偷偷過去破壞楚國的瓜田。一位年紀大的村民勸阻住了大家，說：「我們還是把這件事報告給縣令，向他請示該怎麼辦吧！」

大家來到宋就的縣衙。宋就耐心的勸導本國的村民說：「為什麼要這麼心胸狹窄呢？如果你來我往沒完沒了的這般鬧下去，只會結怨越來越深，最後把事態鬧大，引起禍患。我看最好的辦法是，你們不計較他們的無理行為，每天都派人去替他們的西瓜澆水，最好是在夜間悄悄進行，不聲不響的，不要讓他們知道。」

魏國村民依照宋就的話去做了。於是，從此以後，楚國的瓜一天天長好了。楚國村民發現，自己的瓜田像是每天都有人澆過水，感到很是奇怪，互相一問，誰也不知道是怎麼回事。於是他們開始暗中觀察，終於發現為他們的西瓜澆水的正是魏國的村民，楚國的村民大受感動。

很快，這件事情被楚國縣令知道了，他既感激、高興，又自愧不如魏國縣令。他把這些情況寫下來報告給了楚王，楚王也同樣很受感動，同時也深感慚愧和不安。後來，楚王備了重金派人送給魏王，希望與魏國和好，魏王欣然同意了。

從此後，楚、魏兩國開始友好。邊境的兩國村民也親如一家。兩邊種的西瓜都同樣又大又甜。

當受到別人的傷害的時候，如果採取「以牙還牙」、針鋒相對的態度，只能激化矛盾；如果採取寬宏大量的策略，以德報怨，就能夠促使矛盾的緩解，使壞事變成好事。

在日常生活中，當自己的利益和別人利益發生衝突，友誼和利益不可兼得時，首先要考慮捨利取義，寧願自己吃一點虧。鄭板橋曾說過：「吃虧是福。」這絕不是阿Q式的精神上自我安慰，而是一生閱歷的高度概括和總結。

清朝時有兩家鄰居因一道牆的歸屬問題發生爭執，欲打官司。其中一家想求助於在京為大官的親屬張廷玉幫忙。張廷玉沒有出面干涉這件事，只是給家裡寫了一封信，力勸家人放棄爭執，信中有這樣幾句話：「千里求書為道牆，讓他三尺又何妨？萬里長城今猶在，誰見當年秦始皇。」家人聽從了他的話，使鄰居也覺得不好意思，兩家終於握手言歡，反而由你死我活的爭執變成了真心實意的謙讓。《菜根譚》中云：「路徑窄處留一步，與人行；滋味濃的減三分，讓人嗜。此是涉世一極樂法。」可謂深得處世的奧妙。

在一些事情「做大」之前就及時拋開它

在生活中，我們要學會奉行這樣的原則：不值得做的，千萬別做。因為不值得做的事，會讓你誤以為自己完成了某些事情。你消耗了大量時間與精力，得到的可能僅僅是一絲自我安慰和虛幻的滿足感。當夢醒後，你會發現該做的事一件都沒有做，而自己卻已疲憊不堪。

有一個人開車到加油站，他停在全套服務區，三個員工快速的迎接他。第一位為他洗窗，第二位為他檢查機油，第三位幫他量輪胎氣壓。他們很快的完成這些工作，收了十公升油錢後，這個客人就把車開走了。三分鐘後，他又開回來了，這三個人又衝出來迎接他。

這個人說：「不好意思，我想知道有沒有人為我的車加了油呢？」三人面面相覷，原來匆忙間，大家都忘了幫他加油。

在忙亂的生活中，你是否忽略了最重要的事呢？在安靜中思考一下，什麼是眼前更重要的事情？

成功者會把集中精力作為一種明智的生活策略。畢竟，在一定時期內，一個人的資源和能量是有限的，你無法同時做好數件同等重要、難度又都很大的事情，更何況，還有那麼多瑣事會跑出來佔據你大腦的空間，消磨你的精力。

一個朋友在離開他的公司時曾經寫下這樣一段話：「我累了。在這裡做點自己喜歡做的事，還要莫名其妙被人罵，我也受夠了。我不要求別人感激我做的事，或者其他人把我的所做當作理所當然，也無妨。但我要求應該有最起碼的合理對待。我惋惜的是那些逝去的時光，我做了不值得的付出，還要忍受遭人踐踏。該走了，該離開這個不再能給我精神振奮或新知養分的地方。我不想自己的人生越來越狹隘，跟著某些人的心理仇恨打轉，也不想花時間和心力在解釋上。離開不是因為軟弱，不是因為想要被認同，而是追求我自己的勇敢。那些沒有仁慈的人，對我所做的一切，只是讓我看清此地不值得久留。」

不僅如此，不值得做的事還會賦予它自己生命。「一項活動的單純規律性會逐漸演變為必然性。」一段時間之後，人們會說：「我們不應該讓它消失，我們已經做這麼久了。」這就像有的人明明不喜歡自己的戀人，卻還是要在一起，因為在一起很久了，習慣使人不願再做別的選擇，更何況這份感情的機會成本會隨著時間的推移而不斷增加——須知，放棄和減少對其他成就的要求是一種成本，而謝絕其他人的追求和放棄愛其他人的念頭，也是不可忽視的成本。最終，一個人要為自己做了不值得做的事付出代價，這件事情越耗時，牽扯面越大，「內容」越豐富，代價也就越大。

從這種意義上說，一個比較明智的做法是，在一些事情「做大」之前就及時拋開它。

一位著名的學者有一個很有意思的習慣，他每隔一個季度就要把之前認為「還會用到」的書、講義、文章通通拿去資源回收站，那種感覺就像拋開一堆無用的桎梏，很開心。在他看來，每丟一篇，就跟一點一滴的過去告別，也拋開一些無用的限制，既然知識提供的是不同的思考方式，如果學會了，就沒必要把有形的文字留著不放。

就這樣，他常常會丟掉一大堆書籍和大師的文章，把它們驅逐出心間。這樣做其實是在節約自己的生命，擴大「呼吸的空間」。

世界的開放和信息的倍增，給個人的發展提供了機會，但也要求你付出大量的精神和心力，讓你不得不做出選擇。選擇像一條河流，它變得越寬，就有越多的人淹死在裡面。對現代人來說，不僅需要越來越強的游泳技巧，更需要游向正確的方向。

仔細的思考，作出正確的判斷

朗費羅曾經說：「人應仔細的分析一下自己，最重要的是要看清自己可以在哪一方面贏得成功。」當今社會最受人歡迎、最具有競爭力的人，是那些頭腦靈活，善於思考，既有獨特的判斷力，又有創造力的人。有些人，往往只知按例行手續做些人家吩咐下來、計劃妥當、經人詳細指示的工作；而那些真正有主見、勇於獨創、肯於研究、善於經營的人才是人類的希望，也唯有這種人才能促進人類進步，擔任開路先鋒。

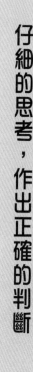

一個具有一種迅速而堅決的決斷力的人，他的工作機會要比那些猶豫不決、模稜兩可的人多得多。如果你想在生活中獲得比別人更多的東西，就盡快革除那種東猜西想、左右估量、遲疑不決的壞習慣吧！它會使你喪失一切主意，耗費你無窮的精力。

生活中的不如意者往往是這樣的人，他們遇到任何事情，明明是早已詳細計劃過、考慮過的，並且已經確定的，但仍然畏畏縮縮的不敢立刻動手去做，重新再從頭到尾的估量一番，拿到各處去徵求意見，還東看看、西瞧瞧、左猜猜、右想想，翻來覆去，直至最後各種念頭愈來愈多，就越發不敢信任自己、不敢打定主意了。致使他的精力漸漸分散，導致完全的失敗。

一個人如果希望成功，就千萬不要有優柔寡斷、遲疑不決的毛病，而應有一種堅決的意志。他必須在做事之前完全打定主意；即使遇到任何阻礙，稍微有一點錯誤，也不可就此回過頭來，升起懷疑的念頭。

當我們遇到一件棘手或困難之事時，應該先仔細的思考，作出正確的判斷，然後再打定主意。等到做出決定之後，就不要再有懷疑和顧慮了，也不要去管別人的意見，只要竭盡全力去做就可以了。即使中途發現有什麼小錯誤，也不可心灰意冷，應該把所受到的挫折當成一個教訓，自信以後一定會因此而進步得更快，成功的希望也將因此更大。在已經做出決定後還是再三反覆猜疑的人，無異於使自己陷入一種永遠無可救藥的深淵中，只得愚笨而懊惱的眼看著失去良機。

有些人不是沒有成功立業的能力，只因他們的判斷力太差，所以最終導致不能取得成功。他們做人永遠不能自主，非有人在旁扶持不可。即使遇到任何一點小事，也得東奔西走的去和親友鄰人商量，同時腦子裡更是胡思亂想，弄得自己一刻不寧。

沒有判斷力的人，往往使一件事情無法開場，即使開場了，也無法進行。他們的一生，大半都消耗在沒有主見的懷疑之中，這種人就是有了成功的能力，也永遠不會達到成功的目的。

一個成功者，應該具有當機立斷、抓住時機的能力。他們只要自己把事情審查清楚，計劃周密，就不再懷疑，立刻勇敢果斷的行事。因此，任何事情只要一到他們手裡，往往能夠隨心所欲，收穫成功。

一個有計劃、有主見、有自信心的人，絕不會把自己的計劃拿來拿去與人商議不決，除非他所遇見的是見識能力高他一籌的人。他常事先前前後後仔細的研究，正如前線將官在作戰之前仔細研究地勢、軍機，然後擬定作戰計劃開始進攻一般。

一個頭腦清楚、具有判斷力的人，他的意志一定十分堅決，他們不會模稜兩可，更不肯投機取巧。他們永遠不會徘徊猶豫、東探西問，或是賭氣退出而導致前功盡棄；只要計劃好了，主意定了，他們一定不再徘徊不前。

無論你從事什麼行業，無論你擁有什麼樣的技能，你都應該力爭在該領域處於領先位置。追求卓越，是推動人類進步的永恆力量。它不僅造就了無數成功的企業和傑出人士，而且還蘊藏在每一個努力完善自己的人身上，以備未來不斷創造奇跡。

對於你的生命來說，沒有什麼比你的人生態度更重要的了。這種態度包括你對自己的評價以及你對未來的期望。如果你的人生態度消極而又狹隘，那麼與之相對應的就只能是平庸的人生。你必須以比普通人更高的眼光來看待自己，否則你就永遠只能是一個小職員；你必須期望自己能擁有更高的職位，並激勵自己努力去得到它，否則你將永遠也得不到它。不要懷疑自己有實現目標的能力，否則就會使你自己的決心大打折扣。只要你一直憧憬未來，你就是在向著目標邁進。

如果你有足夠的決心並為之付出了堅韌的努力，你就有可能成為在工作中擔當重要職位的人，而不再是一個小職員。如果你不具備這樣的決心，就會看到那些條件不如你，但有著更大決心的人跑到你前面去。

可以說，人的每一次行動都需要激勵。如果缺乏內在的動力，我們就不會自覺的去做任何事情。對一個普通人來說，生命中最大的推動力往往就來自於要在社會上佔據優勢、出人頭地的願望。

這種內在的推動力，是我們生命中最神奇、有趣的東西。它存在於每個人身上，就像自我保護的本能一樣。在這種求勝本能的驅使下，我們步入了人生賽場。

當然，僅有強烈的進取心還不夠，要成為顯要人物，還得配上兩個翅膀：豐富的常識和良好的判斷力。否則，即便你具有了雄心壯志，也只能與成功擦肩而過。

一個過分高估自己能力、過於自負的傢伙，如果不弄清自己的實際能力和缺陷，他的下場往往會很可憐。對一個人來說，知道自己不能做什麼，與知道自己能做什麼同樣重要。

一個人應該充分積蓄能量，並將它投入到最適合自己的地方。如果你只有一種才能，應該淋漓盡致的發揮這項唯一的才能，而不要與那些有十項才能的人進行全方位的競爭。

無論有多大的進取心，無論有多強的力量，用一種才能去做需要十種才能的工作是不可能的。透支自己的能力是非常危險的。偉大的頭腦可以輕易的成就偉大的事業。我們只需要盡力，而不必強求。權衡自己的能力，知道自己到底能做些什麼，避免制定過高的目標，對於我們來說是非常重要的。

要有做出正確選擇的決心與魄力

在事業上為了獲致成功，並沒有什麼十全十美的方式，如果要說有的話，可從拼圖遊戲的經驗中，被證明為眾所周知的基本原則有二三條，其中具有果斷力就是其中之一。做最終的決定是你。在你自己做決定的時候，對事實的認識也是需具備的能力之一。

可是，即使具備了這兩種能力，並非就能處理任何的問題。做決定時，經常要當機立斷下決定，接受挑戰。面對愈大的挑戰，則機會就愈大。事實上，有很多這種機會，常在太過猶豫不決的人的眼前喪失掉了。

將事情發展的情況做有組織的整理，仍無法導引出有建設性的結論，於是以憂慮、焦躁不安來打發時間的人，也一樣會喪失很多機會。

任何一個優勝者，並不是一定每場必勝，只是戰勝的情況居多而已。然而，時常恐懼失敗，連嘗試去迎戰都不敢的話，那麼致勝的機會就不可能到手了。在不畏懼下踏出像小嬰兒的一小步，不久之後，為了接受勝利的目標，就將能無所畏懼的跨出巨人的一大步。

當然，決斷並非一意孤行的「盲斷」，也非逞一時之快的「妄斷」，更非一手遮天的「專斷」——決斷除了要有客觀的「事實」根據，見解高超的預見性眼光外，同時更要有決心與魄力。人生充滿了選擇。不管是讀書、創業或婚姻，我們總要在幾個可供「選擇」的方案中，作一「賭注式」的決斷。對於我們所選擇的結果究竟是好是壞，也往往沒有明確的答案。機會難得，想再回頭重新來過，是絕不可能的。因此，我們可以說：決斷是各種考驗的交集。

一、英明的決斷是抓住機會的保障

凡是「成功」立業者，在其人生的旅途中，很少有能一步登天的。他們依靠機智與眼光，在充滿困頓與挫折、失敗的環境中做出扭轉乾坤的決定，終於柳暗花明，攀登上事業的頂峰。

據說，機會之神全身赤裸，滑溜溜的很不容易抓住，只是他光禿禿的頭上有一小撮頭髮，人們僅能在他轉身的瞬間，即時抓住他的頭髮，才能把他留下。其實，上天並未特別眷顧那些抓住機會之神的幸運者，只不過他們用心良苦，一再對問題苦思對策，因此參悟玄機，獲得機會之神的青睞。

二、必須有過人的見解和魄力

人的見識愈高愈遠，就會有曲高和寡的現象。尤其是一般人常滿足於現狀，陶醉於既有成就的美夢中，任何太激進的做法都會被視為「異端」，遭到反對。這時若要力排眾議，斷然掃除「人為」的障礙，就必須具有膽識和實踐能力。

日本三洋電機的創辦人井植歲男生前常說的一段話，頗值得我們深省，這段話就道出決斷者應有的見識眼光。他說：「以自己經營事業的立場去觀察東西，或者去思考事物的話，則事業是不會有所突破的，應該站在更高一層來觀察事物。」

井植當初毅然離開松下，另起爐灶，投入市場已過度飽和的車燈業，但他卻口出驚人之語，立誓在幾年內建造一家年產兩百萬個車燈的工廠。然而事實上，當時的十六家工廠所生產的十萬個車燈都銷售不了。

原來井植看到當初大多數日本人以自行車代步，如果沒有車燈，夜晚行車將很不方便，所以他判斷車燈將成為必需品。再者，車燈市場小是因為產量太小，規模不經濟，以致價格太高，消費者駐足不前，市場因此打不開。後來，果然在井植建廠四年後，兩百萬目標就輕易達成了。

三、反面思考尋求最佳決斷

決策者應該是集「眾智」的人。儘管他做決策要有相當的魄力，但他絕不能專斷，而應集思廣益，甚至多聽反對者或不滿分子的意見。

美國通用公司總裁史隆就常從「反面」思考來尋求最佳決斷。據說他曾在一次高級管理人員會議中說：「諸位先生，我們對這項決策似乎已有一致的看法。」只見出席會議的成員紛紛點頭，表示同意。但是他接著說：「現在，我宣布會議結束，此問題延到下次會議再討論。希望下次會議能聽到『相反』的意見，或許這樣，我們才能做最後的決策。」

史隆的做法是少有的，但也是可貴的，因為正確的決策來自正反不同的意見。先有「結論」是禁不起「事實」考驗的，唯有掌握充分的信息與客觀的事實，才能下最後的決斷。

羅斯福總統也是此道高手。每遇重大事件，他總是先讓一位助理去研究，並囑咐他千萬不可洩密。然後，他又邀請與該助理意見相左的其他助理去研究同樣的問題，當然，他也要求他們保持機密。這樣，羅斯福不受左右的任意擺佈，他能很客觀的從各個角度考慮問題。當然，他的決策水平是一流的。

四、對各項因素進行謹慎的評估

收集足夠的事實是發揮果斷力的必備前提。將所有的事實收集後，在每一項目上加上「＋」或「－」的記號，再準備一張白紙和一支筆，只需多花一點時間來做即可。

在紙的正中央畫一條縱線，一半將它當作正面欄，另一半則當作負面欄。對這兩欄的各項因素很謹慎的加以評估，然後再將各項因素旁邊做一至二十分的評分，接著統計正、負兩欄的數值。如果一欄的得分數比另一欄的得分數領先很多的話，那麼你應該下決定的方向就很清楚了；有相反想法的話，則整個計劃重新構思、再評估的必要性也很明確。

如果兩欄的評分數相差不大的話，憑過去的經驗，就只有委託給你的運氣來決定了。不過，在所有的預備作業結束之際，一定要針對問題來探討，直到找出最後的結論來。在提出結論之前，或者在提出之後，被不安所驅使而焦慮的時間，最好連一瞬也不要浪費。當下決定的時候，就是憂慮的終止。

五、培養「第六感」的敏銳性

很多體育比賽都是一瞬間決定勝負的，到底應如何抓住那一剎那的機會，確實令人煞費苦心。

日本相撲大王坪內壽夫為獲取這一瞬間的奧祕，去請教角力專家。

「正如你所知，角力共有四十八手，這四十八手就是四十八『型』，每一型各有其奧妙之處：有的是把對手壓出角力場之外，有的則是把頭壓到對手的胸部……總之，變化很多。既然這樣，角力選手如何記住這些變化多端的『自由』型呢？他們不是用頭腦，而是靠『皮膚』的接觸去記住的。要達到這個地步，就要下功夫去練習。」

決斷就是努力向前。時光在飛逝，唯有放眼天下，正視眼前的挑戰，我們才能運用我們所擁有的決斷智慧，迎接時代的挑戰。

面臨多種選擇時要勇於做出取捨

十四世紀法國經院哲學家布利丹曾經講過一個哲學故事：

一頭毛驢站在兩堆數量、質量和與牠的距離完全相等的乾草之間。牠雖然享有充分的選擇自由，但由於兩堆乾草價值絕對相等，客觀上無法分辨優劣，也就無法分清究竟選擇哪一堆好。於是，牠始終站在原地不能舉步，結果只好活活餓死。

布利丹毛驢的困惑和悲劇也常折磨著人類，特別是一些缺乏社會閱歷的初涉人世者。十七歲的英子是位高中生。剛進學校時，她最大的願望就是：「進入學生會出人頭地，身處要職以便鍛鍊自己的社會適應能力」。不久，因為她歌唱得好、舞跳得好，很快成了學生會康樂部長。進入學生會後，她積極做好每件事，即使是小事，她也會盡最大的努力做到讓上級很滿意。

然而，因為沒有處理好工作和學習的關係，英子的學習成績直線下降。因此，她想：「我該不該辭職，退出學生會？」為了這個問題，英子有很長一段時間心裡就像壓了塊石頭一樣沉重，情緒低落，敏感易怒。

在她看來，如果辭職，她就可以用剩下的一年多時間去攻讀英語、電腦什麼的，或者博覽群書以提高自身修養，還可以用心學好專業並攻讀大學，去過另一種生活。但她又擔心：「像我這種活潑而且愛好眾人目光的女孩，一旦脫離被眾人注意的位置，那種強烈的反差我能承受得了嗎？」「沒有了學生會工作，我會不會變得很空虛？」「我的競爭對手取代我成為康樂部長之後，會不會反過來攻擊我？」「辭職後我不是失去了很好的鍛鍊機會嗎？」左也為難右也為難，英子希望有人能幫她拿個主意。

很多人都是因為面臨多種選擇卻又難於選擇而心煩意亂。一位畢業不久的大學生，找到一份薪水尚可的好工作，但他覺得自己的文憑太低，想去考研究所，又怕讀完研究所之後再也找不到這樣好的工作；一位二十八歲的女性，戀愛已經五年，她想結婚可是男友至今還沒有房產，她想分手卻又捨不得這份禁受了時間考驗的感情；有同事給二十四歲的波波介紹了一位女朋友，經過接觸，他發現了她的聰明和善良，可是心裡又總覺得她長相不好看，所以進退兩難……

現在為什麼會有那麼多大學生、研究生需要心理咨詢？他們是不是「身在福中不知福」？

大多數前來咨詢的人都屬於這一類——學歷高的、有錢的、漂亮的、社會地位高的……因為一個人擁有較優越的現實條件，就意味著他面臨更為廣闊的選擇空間，而可供選擇的目標越多，那麼在他做出決策之前，其內心的矛盾衝突也就越多。

比如擇業，只有中學學歷並且沒有什麼專業技術的人可選擇的機會不多，因此只要找到一份工作，他就會很樂意的去做；而受過高等教育的工程技術人員，可以從事的職業很多（包括簡單的體力勞動），每一份工作都能滿足他的某些需求，究竟去從事什麼工作，他的心裡不可能沒有困惑。

心理學家把這種由兩個或兩個以上不能同時實現的目標所帶來的心

理矛盾稱作「意志行動中的衝突」，簡稱「衝突」。一般說來，衝突可分為四種類型：

一、雙趨衝突——兩個或多個目標對我們都有吸引力，可我們只能選擇其中一個時所產生的衝突。

二、雙避衝突——兩個或多個目標都是我們想迴避的，但我們不可能全部迴避時所產生的衝突。

三、趨避衝突——同一個人或同一件事物對於我們既有吸引力又有排斥力時所產生的衝突。

四、多重趨避衝突——實際生活中，我們往往面對這樣的情況：兩個或多個目標中的每一個目標都對我們既有吸引力又有排斥力，此時引起的衝突就叫多重趨避衝突，比如，前例中英子所面臨的困惑。

無論何種衝突，其實質都是要在幾種方案中做出唯一的選擇。在選擇之前，我們的大腦一直會對方案進行反覆的比較鑒定，這種高負荷的工作總是伴隨著緊張、焦慮、煩躁、不安等負面情緒，特別是當我們面臨人生的重大選擇時，這樣的情緒會更強烈、更深刻、更持久。每個人都無法長期忍受這種狀態，因此總是希望盡早做出選擇。一旦做出了選擇，這種煩躁不安的情緒也就隨之結束。

選擇意味著放棄那些不合理的方案，同時，選擇還意味著必須接受這一選擇所將要帶來的一切結果，這就是我們平常所說的「為自己的選擇負責」。那些長時間處於衝突狀態以至出現心理障礙的人，往往具有這樣的個性特徵：一是完美化——追求完美，又不願放棄那些相對不重要的目標，因此遲遲不能作出選擇，並進而錯失良機。二是依賴性——依賴性較強的人，因為不敢承擔責任，害怕面對可能到來的不良後果，所以不能獨立做出選擇，最終因長時間承受負面情緒的壓力而加重自卑感。

以下是幾點有助於你做出明智選擇的原則性建議：

一、放棄完美化的要求，從現實入手

完美化的思想會讓人產生不切實際的願望：「如果……」「要是……」為了等待這些虛幻的假設，我們就會長時間的陷入內心衝突之中，並因此失去原有的自信。其實，我們面前的目標，現在都不可能是

「最好的」，都需要我們做出努力之後才有可能變成「最好的」。所以，立即行動才是最重要的。

二、推遲大的決策，從小處著手

有些心理衝突是因為過早做出「最終決定」，可是自己掌握的信息不多，一時難於做出選擇。由於瞭解不多，此時做出的選擇難免不成熟。倘若進一步瞭解，就可以有新的認識，那時候再做選擇就不會困難。

三、切斷退路，讓自己別無選擇

帶來心理衝突的每一個目標（包括雙趨衝突中的目標）對於我們都各有利弊。因此，任何選擇都有其合理的一面，我們往往無法精確衡量得失之間的大與小。與其花太多的精力去做細緻的比較，不如隨機選取其一，專心致志的為之努力，這往往會使我們獲得更豐厚的回報。比如前文提到的英子，是否辭去康樂部長職務，並非她能否成才的決定因素；但如果她長久處於猶豫不決的狀態，就可能導致種種不良的後果。

事實上，無論在人生的哪一個領域，有時候別無選擇都可能是最好的選擇——它能使我們集中個人有限的精力，去走好自己的路。

想擁有更多，就要承擔一定的風險

一八六五年，美國南北戰爭宣告結束。北方工業資產階級戰勝了南方種植園主，但林肯總統被刺身亡。全美國沉浸在歡樂與悲痛之中，既為統一美國的勝利而歡欣鼓舞，又因失去了一位可敬的總統而無限悲慟。

後來的美國鋼鐵巨頭卡內基卻看到了另一面。他預料到，戰爭結束之後，經濟復甦必然降臨，經濟建設對於鋼鐵的需求量便會與日俱增。於是，他義無反顧的辭去鐵路部門報酬優厚的工作，合併由他主持的兩大鋼鐵公司——都市鋼鐵公司和獨眼巨人鋼鐵公司，創立了聯合製鐵公司。同時，卡內基讓弟弟湯姆創立匹茲堡火車頭製造公司，同時經營蘇必略鐵礦。

上天賦予了卡內基絕好的機會。美國擊敗了墨西哥，奪取了加利福尼亞州，決定在那裡建造一條鐵路；同時，美國規劃修建橫貫大陸的鐵路。

幾乎沒有什麼比投資鐵路更加賺錢了。聯邦政府與議會首先核准聯合太平洋鐵路，再以它所建造的鐵路為中心線，核准另外三條橫貫大陸的鐵路線。

但一切遠非如此簡單，縱橫交錯的各種相連的鐵路建設申請紛紛提出，竟達數十條之多，美洲大陸的鐵路革命時代即將來臨。「美洲大陸現在是鐵路時代、鋼鐵時代，需要建造鐵路、火車頭和鋼軌，鋼鐵是一本萬利的。」卡內基這麼思索。

不久，卡內基向鋼鐵發起進攻。在聯合製鐵廠裡，矗立起一座二十二點五公尺高的熔礦爐，這是當時世界最大的熔礦爐。對它的建造，投資者都感到提心吊膽，生怕將成本賠進去後根本不能獲利。但卡內基的努力讓這些擔心成為杞人憂天，他聘請化學專家駐廠，檢驗買進的礦石、灰石和焦炭的品質，使產品、零件及原材料的檢測系統化。

在當時，從原料的購入到產品的賣出，往往顯得很混亂，直到結帳時才知道盈虧狀況，完全不存在什麼科學的經營方式。卡內基在經營方式上大力整頓，貫徹了各層次職責分明的高效率的概念，使生產力水平大為提高了。同時，卡內基買下了英國道茲工程師「兄弟鋼鐵製造」專利，又買下了「焦碳洗滌還原法」的專利。他這一做法不乏先見之明，否則，卡內基的鋼鐵事業就會在不久的大蕭條中成為犧牲品。

一八七三年，經濟大蕭條的境況不期而至。銀行倒閉、證券交易所關門，各地的鐵路工程支付款突然被中斷，現場施工戛然而止，鐵礦山及煤山相繼歇業，匹茲堡的爐火也熄滅了。

卡內基斷言：「只有在經濟蕭條的年代，才能以便宜的價格買到鋼鐵廠的建材，工資也相應便宜。其他鋼鐵公司相繼倒閉，向鋼鐵挑戰的東部企業家也已鳴金收兵。這正是千載難逢的好機會，絕不可以失之交臂。」

在最困難的情況下，卡內基卻反常人之道，打算建造一座鋼鐵製造廠。在卡內基的勸說下，股東們同意發行公司債券。工程進度比預定的時間稍為落後。一八七五年八月六日，卡內基收到第一張訂單：兩千支鋼軌。熔爐點燃了。

一八九〇年，卡內基吞併了迪克生鋼鐵公司之後，一舉將資金增到兩千五百萬美元，公司名稱也變為卡內基鋼鐵公司。不久之後，又更名為US鋼鐵企業集團。

成功者是與眾不同的，他們從不跟在別人後面，他們往往具有超常的獨立思考和判斷能力；他們往往因目光敏銳、魄力超人而擁有比別人更多的機會，贏得比別人更多的財富。

從事商業活動的經營者，必須具有根據社會變化而變化的新思維和新觀念，絕不能對日新月異的社會變化產生恐懼；相反的，還應有一套切實可行的應變計劃，以備不時之需，使自己能夠敏銳的把握住生活中那些稍縱即逝的機會。

例如，不斷留意世界經濟的人，一般都會知道什麼農產品今年豐收，什麼今年減產，萬一他所經營的產品中，有以減產農產品為原料的，就應及早找出應變的方法，最好的辦法就是趕快找出可以替代該農產品的產品，或是趕緊推出另一種新產品上市，將消費者的注意力吸引過去。

對於成功的經營者，很多人總是認為是上帝給他們提供了好運氣，卻很少看到他們在順應潮流方面所做出的努力。

二十世紀六〇年代末，美國太空人登上月球，揭開了人類發展史上嶄新的一頁。最初，登月的真相準備保密，人們將無法看到這一人類壯舉。後來，美國政府突然決定向全世界轉播登月實況。這條消息在各大小報紙上只是作為一般新聞加以報導。歐洲人、美國人當時都沒有想到有什麼生意可以賺到巨額利潤。然而聰明的日本人卻想：人們競相看登月，不正是我們賣電視機的大好機會嗎？一家電視機廠首先打出廠告：「看人類最偉大的壯舉，用某某牌電視機最清晰！」這一下立即引起連鎖反應，全日本電視機廠商都加入了這場廣告大戰。然後美國、歐洲商人也驚醒，紛紛參加競爭：「人生難得一看的壯舉，請用某某電視機欣賞。」人類登月給經營者提供了絕好的成功機會，賣電視機僅為其中一項，它創造了巨大的經濟效益，僅日本，一個月就銷了五百多萬台黑白電視機和兩百八十多萬台彩色電視機。

美國的一位百萬富翁說：「看到機會並不會自動的轉化為鈔票——其中還必須有其他因素。簡單的說，你必須能夠看到它，然後你必須相信你能抓住它。」

為什麼有那麼多的人在開業的一兩年中就失敗了呢？其中肯定有機會方面的問題：大多數做生意的人並不真的清楚成功的可能性。這並不在於你學了多少，學了多久——而在於你學了什麼，所學的東西是否能很好的在做生意中起到作用。知道成功的機會可以有完全不同的結果。冒險打賭，你的大學文憑根本幫不了你的忙；想要獲勝，也不會因你沒上過大學、不懂英語、不出生在美國而希望落空。

一個人的成功由多種因素構成，其中及時抓住機遇是關鍵之一。機遇只青睞於有準備的人。一個人努力是必要的，但是光知道傻努力，而沒有機會來表現自己，或者機遇來了自己抓不住，也是非常可悲的事情。一般來說，成功的人多有敏銳的目光和很強的遠見力。一個人必須要有充分的遠見能力，只有這樣才能及時抓住機遇——在一個機會還沒有顯示出它的價值的時候，在別人都不以為意的時候，你能夠發現它潛在的趨勢，這就是成功的機會。

chapter 4

處世要留有餘地，追求雙贏

一首詩中寫道：「一口水井，只有慷慨的給予他人清涼的水，才會擁有不盡的汩汩之源；一個人，只有無私的奉獻自己的果實，才會得到別人的友情和幫助。」

為了自己的好事可以持續，自己的利益能長久的維持，就不能僅僅考慮到自己，也要考慮到對方利益，掌握利益之間的平衡。處世高手有一個共同特點，凡事留有餘地，不僅自己能過得去，還要讓別人能過得去。以此為原則決定處世思路的取捨，才能夠為自己創造一個和諧、互助的生存氛圍。

「雙贏」才能為雙方帶來好處

在今天，「零和遊戲」原理正在逐漸被「雙贏」觀念所取代，人們逐漸認識到「利己」而不「損人」才是最美好的結局。

有這樣一個笑話：

有兩個經濟學家，在馬路上散步，邊討論經濟問題。甲經濟學家看見了一堆狗屎，思索著對乙經濟學家說：「你吃了這堆狗屎吧！我給你一百萬元。」乙經濟學家猶豫了一會兒，但是還是禁受不住誘惑，吃了那堆狗屎。當然，作為條件，甲經濟學家給了他一百萬元。

過了一會兒，乙經濟學家也看見了一堆狗屎，就對甲經濟學家說：「你吃了這堆狗屎吧！我也給你一百萬元。」甲經濟學家猶豫了一會兒，但是還是禁受不住誘惑，吃了那堆狗屎。當然，作為條件，乙經濟學家把甲給他的一百萬元還了回去。

走著走著，乙經濟學家忽然緩過神來了，對甲說：「不對啊！我們誰也沒有賺到錢，卻吃了兩堆狗屎……」

甲也回過神了，思考了一會兒說：「可是，我們創造了兩百萬的GDP（國內生產毛額）啊！」

這雖然是一個笑話，卻生動的闡釋了生活中一種值得關注的現象——「零和遊戲」。

當你看到兩位對弈者時，你就可以說他們正在玩「零和遊戲」。因為在大多數情況下，總會有一個贏，一個輸，如果我們把獲勝計算為得一分，而輸棋為減一分，那麼，這兩人得分之和就是：一減一等於零。這正是「零和遊戲」的基本內容：遊戲者有輸有贏，一方所贏正是另一方所輸，遊戲的總成績永遠是零。

零和遊戲之所以受人關注，是因為人們在社會生活中處處都能找到與零和遊戲雷同或類似的現象。我們過度開發利用煤炭石油資源，留給後人的便越來越少；我們研究生產了大量的基因改造產品，一些新的病毒也跟著冒了出來；我們開發了國光石化，白海豚就再也無法順利迴游……

而現在的很多企業，玩得最多的，也是零和遊戲。把質量競爭力、設計競爭力、品牌競爭力、廣告營銷競爭力、服務競爭力和價格競爭力同時擺在企業面前，許多企業最願意選擇的通常是價格競爭力，而消費者常常買帳。在市場同質化競爭中，競相壓價的企業家們如同抱著炸彈睡覺，永懷生存的警覺與死亡的恐懼，為了活下來，寧可「傷敵一千，自損八百」，而不敢為十年、二十年後的企業前途下注。

很難想像，如果沒有價格的競爭手段，許多企業還能依靠什麼在市場競爭中取得優勢。而同樣難以預料的是，如果企業在「攻城略地」中使用熟練的「價格戰」一旦失靈，那麼一些企業在抵禦競爭風險時是否會變得不堪一擊。

低價搶單、相互指責甚至告發對方違反規則，是企業根據市場原則做出的利益最大化選擇，對企業來說無可厚非；對整個產業來說卻形成了負面的影響，進而造成了產業整體競爭力的下降。

PART 4

處世要留有餘地，追求雙贏

要想擺脫只能依靠「價格」拼爭市場的局面，企業必須製造出在技術上高人一籌的產品。這也是企業在發展的過程中要考慮好的「取什麼」、「捨什麼」的問題。

事實證明，透過有效合作，實現皆大歡喜的結局是可能的。從「零和遊戲」走向「雙贏」，要求各方要有真誠合作的精神和勇氣，在合作中不耍小聰明，不要總想佔別人的小便宜，要遵守遊戲規則，否則「雙贏」的局面就不可能出現，最終吃虧的還是自己。

雙贏是一種智慧，它給施予和接受的雙方都帶來好處。

美國有一個農場主人，由於掌握了科學的栽培方法和技術，他的莊稼長得總是比別人好，自然他的種植效益也就比鄰居的高。而且，這位農場主人還有培育和改良品種的技術絕活，並在每年當地農業協會評比中，他總能拿到第一名。

可是令人不解的是：每次評出最佳品種之後，他又總是把最好的品種拿出來送給鄰近農場的農場主人們。

「別人申請專利保護還擔心自己的成果被人仿冒，你這麼做難道不擔心別人超過你嗎？難道你在做專門利人的善事嗎？」當記者帶著疑問採訪他的時候，他笑著說：「我這樣做並不是毫不利己、專門利人，這其實對我自己也有很大的好處。因為我農場裡的作物無論有多優良，但如果附近農場充滿劣質的品種，它們的花粉難免會隨風飄落到我的農田裡，而我的作物授粉後品質就會下降。我把我最好的品種給他們種，我的莊稼品質才能得到保證。另外，別人有了跟我一樣好的作物，就會不斷的激勵我再去努力革新和改良，這就給了我持續進步的壓力和動力，讓我始終保持領先的地位。」

合作可以成為競爭的主旋律，和諧已成為時代的潮流。在真誠的微笑中，互相幫助，互相提高，讓別人的長處彌補我們的短處，讓我們的長處補足別人的短處，讓彼此都獲益處，讓彼此攜手同行。

主動出手獲得良好的人際關係

如果你與周圍的人關係處得不夠好，你可以隨便找幾個理由，說明你是如何清白無辜、責任全在他人。或許你的解釋很有說服力，不過，你應該想到的是，這種不良的人際環境，在很大程度上，是你自己製造的。

你對同事的言談舉止不屑一顧時，你就以所謂的清高與他們拉開了距離。儘管他們可能談的的確粗俗，你有道理這樣做；當你誇誇其談，旁若無人的表現自己時，你的居高臨下可能招來狂妄的評價，儘管你確屬於才華橫溢之輩。

當你仰著臉語氣生硬的待人時，你等於孤立自己了；當你豎起眉毛，瞪圓雙眼時，你與他人的關係已陷入險惡了。不論你是否應該這麼做，從結果上看，這都背離了你的願望。除非你躲入深山老林，獨居塵世之外，否則，總要生活在親戚朋友、同學、同事之中。這些人的性格脾氣、志向愛好、學識趣味、品德才貌，一定是形形色色的。若是上帝複製十個你，和你一起工作，喝一種飲料，發同樣的牢騷，甚至愛同一個人，豈不是很可怕嗎？承認周圍的人是由各種角色組成的，是成功處理人際關係的基本前提，你只能、而且必須與若干不同於你的人活在一起，這是你無法選擇的，你只能面對這個現實。

你可以對街舞反感，但你絕沒有理由討厭跳這類舞的人，你選擇不看就是了；如果你能以優美的華爾茲、探戈舞步喚起他們的興趣，做他們的教練，你就與他們貼近了。

這樣一來，你就可在日常小事的處理中化不利為有利，你自己創造了和諧的人際環境。另外，你的期望值不能過高，你永遠不可能讓所有的人都說好。假如我們承認多數人是好人，能與多數人處好關係，我們的人際環境就是和諧的。在我們的一生中，我們時常會因為太自高自大，或者太自慚形穢而得不到好的友情。

比爾親身體驗過這樣一件事：

PART 4

處世要留有餘地，追求雙贏

有一次，大風雪後，積雪滿街，交通斷絕。比爾居住的公寓大樓中的煤用完了，食品雜貨店的人沒送貨來，沒有自來水，電梯也因故障而不動。從來沒有交談過的鄰居們相互敲門，願意接濟食物、牛奶、唱片等等。有個人在家舉行舞會，使大家興致熱烈起來。大家這才發現，大樓的管理員會彈鋼琴。

當時比爾想：如果平時能有這種友好互助的精神，那幢大樓中每天的日常生活會多麼豐富有趣！

你在旅行時當然可以冷然拒人於千里之外，但是，那種態度也會使你不能享受眾人之樂。你如果看不到世人的內心，你就看不到世界。打開鞋盒讓顧客挑選的女店員、街頭值勤的交通警察、公車司機、送貨工人，他們都是有個性的人，每個人都有一個豐富的內心世界。我們大多數人總是陷入刻板的生活，每天見同樣那幾個人，和他們談同樣的事。

其實，和陌生人談話，特別是和不同行業的人談話，更能給你提供新的經驗和感受。鄉下的農夫、偏僻地點加油站的員工、抱著孩子的女人，都可能帶給我們衷心的愉悅，覺得世界上充滿了生機。

我們許多人自覺沒有什麼可以給人，但是我們至少可以接受別人的盛情。如果我們不是熟視無睹，而是仔細看人，我們很可能從他的眼光中看到他心有疑難。如果看見車站上有一個女人在流淚，一個孩子眼露痛苦之色，或是一個外國人身在異鄉、手足無措，我們上去詢問和協助，就會給自己帶來極大的愉快和滿足。

一位婦人搭火車旅行，在中途一個小鎮停車時下車散步。這時對向的火車也到站，兩列車有很多的乘客在車站上悠閒踱步。她看到一個面帶笑容的男子，兩人便談起話來，一同散步，火車鳴笛促乘客上車時，那男子說：「我們也許從此不會再見面了。」他們握手道別，卻登上了同一列火車！

其後許多年，他們互相通信，直到離世。兩人所求者都不是戀愛，而是珍貴的友情。

問問你自己：你的知己中，有幾個是經過正式介紹而認識的？傑克在一處海灘上認識的鮑爾德，就是他從水中走上來，傑克正要走下水去時認識的；柯維在紐約一家餐館中遇到艾伯特，是他正在看一本當時極

PART 4

處世要留有餘地，追求雙贏

為暢銷的書時認識的。

億萬人的情緒感覺各有不同：有的孤獨，有的抱著希望，有的煩憂沉鬱。在人生的長途中，這種心情和感覺均需要夥伴，需要友情。本來是陌生人，但當有一個人伸出手來，就成了朋友。而在生活中，肯主動伸出手來和別人交往的人，就能夠獲得更多的友誼和樂趣。

經常給予別人方便也是幫助自己

「將欲取之，必先予之。」這是古往今來人們辦事的經驗之談。要從他人那裡獲取利益，必須先給予對方一定的利益。伽利略在這方面的做法非常值得借鑒。

十六世紀初，有很多科學家都面臨著生活困難的處境，義大利天文學家及數學家伽利略也面臨同樣的困難。有時候，他把自己的發現和發明當作禮物送給當時最重要的贊助者，從他們那裡得到資助從事研究。然而不管發現多麼偉大，這些贊助人通常都是送他禮物，而不是贈與現金，因此他常常沒有安定的生活。

一六一〇年，他發現了木星周圍的衛星。這一次他把這個發現呈獻給麥迪西家族。他在寇西默二世登基的同時宣布，從望遠鏡中看見一顆明亮的星星（木星）出現在夜空上。他表示，衛星有四顆，代表了寇西默二世與其三個兄弟；而衛星環繞木星運動，就如同這四名兒子圍繞著王朝的創建者寇西默一世一樣。將這項發現呈獻給麥迪西家族之後，伽利略委託他人製作一枚徽章——天神邱比特坐在雲端之上，四顆星星圍繞著他。徽章獻給寇西默二世，象徵他和天上所有星星的關係。

一六一〇年，寇西默二世任命伽利略為其宮廷哲學家和數學家，並給予全薪。對一名科學家而言，這是人生中最輝煌的歲月，伽利略四處乞求贊助的日子終於結束了。

伽利略僅靠一個簡單的舉動就擺脫了以前四處求乞的日子。理由很簡單：貴族們實際上並不關心科學和真理，他們在意的是名聲與榮耀。人們都希望自己看起來比其他人更為顯赫出眾，伽利略就將他們的名字連結上宇宙的力量來滿足他們的虛榮。能和宇宙聯繫在一起，這樣的榮耀有誰不想得到呢？

伽利略的策略讓這些貴族們覺得自己不只是在做提供財源這樣簡單的工作，而是讓他們覺得自己富有創造力並權傾一世，甚至比以前創造的偉業更崇高。

因此可見，你不能讓他人感到不安，尤其是位居上位的人，在必要的時候給予他們榮耀會給自己帶來許多便利。伽利略不但沒有以自己的發現挑戰寇西默二世的權威，或者讓他們在某一方面感覺自己有不足之處，反而把他們比擬為行星，使其整個家族在義大利的王室之間璀璨奪目。他沒有搶資助者的風頭，而是把榮耀的桂冠戴在他們頭上。

也許有人會認為伽利略過於逢迎這些貴族，而失去了作為一名科學家應具有的品格。但是，科學家也不能逃避生活的柴米油鹽，他們也需要有足夠的經濟支援。如果僅僅用一個小策略就能獲得更多的支持，又何樂而不為呢？

如果你希望結交到期望的人，那麼就要做到既能瞭解對方的觀點，又能在瞭解之後幫助他滿足需求。簡單的說就是要與人為善。與人為善是建立良好人際關係的重要策略。但對「善」的評價不該源自發起者，而應當是接受者。

所以，如何真正的為別人提供「善」舉，還需要提高自身的素質，才有可能為別人提供別人真正所需的東西。有了惠人的能力，才有利己的可能。

那麼，在社會生活中，究竟什麼才是別人所需要的呢？

相信你也能夠回答這個問題：誠實、自信、責任心、做事果斷、有才幹、有能力、有技術、能說善道……這些答案的得出都是站在你自己的立場上。即使你真的具有這些素質，也未必就能順利拓展人際關係。

對於這個問題，最好的答案是：別人需要的素質就是你能夠想對方所想，然後結合自己的能力為他提供幫助。

瓊斯是一位房地產仲介，她的工作十分出色，引人注目。很多顧客在接受了她仲介的房子之後，仍然與她保持著良好的關係，而她也非常願意幫助顧客解決各種問題。

簡而言之，瓊斯是以想顧客所想的優質服務征服了對方。即使買房以後，顧客仍能感受到她貼心服務的魅力。她會經常打電話給顧客噓寒問暖，偶爾還會接受顧客的要求去作客。然而在顧客的家裡，瓊斯不是純粹的禮儀性拜訪，而是仔細詢問和察看房子的使用狀況。雖然不懂房子的供水系統，但她能夠注意瞭解供水是否正常。如果出現了水流不穩定，她會主動幫助顧客到去解決這個問題。

瓊斯工作仔細，她知道當地某學校某年級學生教師的比例，甚至叫得出老師的名字。她能說出郊區火車月票的價格——精確到美分。她還能告訴顧客快車上只有二十分鐘開空調的時間等等。每當新住戶搬進新居前，她會準備一份禮物，並在到來的第一天與他們共享一頓美餐。

她知道剛搬家做飯還不方便，第一天晚上她會邀請他們到自己家共進晚餐。她還安排新來者加入當地的俱樂部。她瞭解住戶的宗教信仰，與當地教堂聯繫：「這裡有新教友，見見面怎麼樣？」這些聽起來不可思議，但瓊斯做到了這些，她從各方面盡力幫助新住戶迅速融入社區生活。作為一名房仲，雖不能幫助顧客修馬桶，也不懂該如何做好裝潢，但是她仍然能夠憑借自己的細心和熱情來贏得顧客的青睞。有一次，她售房給一位顧客，那位先生十分滿意，還向她推薦了十位潛在顧客，其中一位顧客又向她推薦了幾個人。瓊斯的業績就是這麼來的，而且她還很享受與這些顧客朋友的友誼。

也許有人會懷疑，這樣的方式自己需要付出很多，是不是值得呢？

其實，「人心都是肉做的」，你所做的一切，別人都是看在眼裡，記在心上的，回報是遲早的事。而且，只要你真正掌握住了對方的想法，有時候你只需在對方最要緊的地方添上畫龍點睛的輕輕一筆，就能起到事半功倍的效果。相反，倘若總是斤斤計較於自己會否吃虧，而不願意花力氣和精力來為別人著想，是永遠也無法贏得別人的信任的。

給予別人方便或同情關愛的同時，我們自己也獲得了對方所給予的方便、同情和關愛。給予其實是互惠的，幫助別人也就是幫助自己。這是一條亙古不變的人際交往的基本法則。

與人交往不要急於獲得回報

長期以來，人們最忌諱將人際交往和交換聯繫起來，認為一談交換就很庸俗，或者褻瀆了人與人之間真摯的感情。這種想法大可不必有。

其實，我們在交往中總是在交換著某些東西，或者是物質，或者是情感，或者是其他。人們都希望交換對於自己來說是值得的，希望在交換過程中得大於失或至少等於失。

不值得的交換是沒有理由的，不值得的人際交往更沒有理由去維持，不然我們就無法保持自己的心理平衡。所以，人們的一切交往行動及一切人際關係的建立與維持，都是依據一定的價值尺度來衡量的。對自己值得的，或者得大於失的人際關係，人們就傾向於建立與保持；而對於自己不值得的，或者失大於得的人際關係，人們就傾向於逃避、疏遠或中止這種關係。

正是交往的這種社會交換本質，要求我們在人際交往中必須注意，讓別人覺得與我們的交往值得。無論怎樣親密的關係，都應該注意從物質、感情等各方面「投資」，否則，原來親密的關係也會轉化為疏遠的關係，使我們面臨人際交往困難。

在我們積極「投資」的同時，還要注意不要急於獲得回報。現實生活中，只問付出，不問回報的人只佔少數，大多數人在付出後而沒有得到期望中的回報時，就會產生吃虧的感覺。

在與人交往中，不要害怕吃虧。鄭板橋的「吃虧是福」這句話為很多人所珍愛，然而真正領悟其中真意的，恐怕為數不多。實際上，許多人在交往中都是唯恐自己吃虧，甚至總期待佔到一點便宜。然而，「吃虧是福」確實有它的心理學依據。「吃虧」是一種明智的、積極的交往方式，在這種交往方式中，由「吃虧」所帶來的「福」，其價值遠遠超過了所吃的虧。這有兩個原因：

一方面，人際交往中的吃虧會使人覺得自己很大度、豪爽、有自我犧牲的精神、重感情、樂於助人等等，進而提高了自己的精神境界。同時，這種強化也有利於增加自信和自我接受。這些心理上的收穫，不付出是得不到的。

另一方面，天下沒有白吃的虧。與我們交往的無非都是普通人，在人際交往中都遵循著相類似的原則。我們所給予對方的，不會消失，一切終將以某種我們常常意想不到的方式回報給我們。而且，這種吃虧還會贏得別人的尊重，反過來將增加我們的自尊與自信。

不怕吃虧的同時，我們還應該注意，不要過多的付出。過多的付出，對於對方來說是一筆無法償還的債，會給對方帶來巨大的心理壓力，使人覺得很累，導致心理天平的失衡。這同樣會損害已經形成的人際關係。這種例子屢見不鮮，我們常常會聽人抱怨：「我對他那麼好，付出了那麼多，為什麼他反倒開始不喜歡我了？」殊不知，正是自己付出的太多，才損害了兩個人的關係。

吃虧帶給我們的是另一種的人際交往世界。而那些喜歡佔便宜的人，每佔了別人一分便宜，就喪失了一分人格的尊嚴，就少了一分自信，長此以往，必將在人際交往中找不到立足之地。

掌握分寸、恰到好處的表現自己

俗話說：「世事洞明皆學問，人情練達即文章。」人們應該講究說話尺度和辦事的分寸。在與人交往中，說話不能沒有尺度，處事必須講究分寸。比如：坦誠、熱情、謙遜、活潑、謹慎等等，無疑都是待人必不可缺的品格。然而，這裡同樣也有一個「度」的問題，即要注意掌握分寸，盡量做到恰到好處。否則，便極易失度，進而影響人際交往。為此，在日常交往中，一定要注意下列幾點：

一、坦誠但不粗率

奧斯特洛夫斯基說過：「所謂友誼，這首先是誠懇。」的確，假如人際交往不襟懷坦蕩，真誠懇切，而是相互戒備，「見面只講三分話，絕不全掏一片心」，正常交往尚且談不上，又怎能指望相互推心置腹，以誠相見？但是，所謂坦誠，也要適度，要講效果。

朋友之間「胸無芥蒂，無話不說」固然沒錯；但是，坦誠也應以道德、法紀為規範，那些無原則的話，可能影響他人團結的話等等，還是以少說、不說為佳。說話辨事透徹、痛快當然無可非議；不過，也要注意留有餘地，必要的避諱、求雅還是需要的。有時為避免意外的發生，向當事者暫時保密，不吐露真情，也是人之常情，不宜把它跟坦誠對立。

二、熱情但不失態

人際交往，由於場合、年齡、性別、輩份以及交往深淺程度等等方面的不同，熱情也應該有檔次、分寸上的區別。在公共場合，即使熟人、戀人相見，也不宜旁若無人，高聲縱情談笑，至於失度的親暱舉動則更不適宜。有人以為，只有事事應允對方，才能顯出自己的熱情來，其實大不盡然。

中國有句古語：「輕諾必寡信。」失信的熱情好比一張空頭支票，只能取悅於一時，終歸毫無價值。所以，有人相託自應盡力而為，不過也應權衡是非利弊。對於那些明顯不合情理，有悖法紀、道德的要求，或者雖屬正當、怎奈自己力不從心的委託，都應婉言明白謝絕。總之，熱情應是友誼的催化劑，但是倘若失控，超過了限度，也足以釀成焚燬友誼的悲劇。

三、謙遜但不虛假

法國著名思想家孟德斯鳩說過：「謙虛是不可缺少的品德。」謙虛的品德對於人際交往尤其重要。一個背著自負自傲沉重包袱的人，他的友誼財富必然少得可憐。這裡，謙遜須以坦誠為基礎，否則就難免陷入虛偽的泥淖。比如討論問題時，明明自己有不同意見，為表謙遜而不明白說出，或者吞吞吐吐，言而不盡；對方批評自己時，當面唯唯稱是，背後卻又發牢騷，凡此種種，都是不夠坦誠的表現。再者，還應劃清兩個界限：

一個是謙遜與虛榮的界限。如果一個人故作謙遜姿態，以求得到「謙遜」的美譽，就是虛榮的一種常見的表現。這種虛榮心一旦被對方察覺，還哪裡會有愉快的交往可言？

另一個是謙遜與諂媚的界限。有些人在交際時愛對對方說一些言不由衷的溢美誇飾之詞，以為只有這樣才顯得自己彬彬有禮，謙恭而有教養。殊不知，過分溢美，近乎諂媚。雖說諂媚也可造成協調，但這種協調總是含有一種奴性、欺騙、令人不快的成分。

四、謹慎但不拘泥

人們無論做什麼事，謹慎從事總是獲取成功的必要條件。處理人際關係，自然不能例外。然而事情還有另外一面，英國哲學家約翰·洛克曾經指出：「禮儀不良有兩種：第一種是忸怩羞怯；第二種是行為不檢點和輕慢。」在人們面前手足無措忸怩拘謹，這是既有礙於觀瞻，也不利於交際的。

應該說的話不說，能夠辦的事不辦，已經成熟了的果子，也不去摘取，這就不是謹慎而是怯懦了。拘謹與忸怩貌似謹慎，實則是怯懦。在交際過程中，不應把儀態的落落大方同言行的謹慎持重對立起來。否則，一身的「小家子氣」，誰還喜歡跟你打交道呢？

五、活潑但不輕浮

舉止活潑，談吐風趣幽默，往往是人際交往的良好觸媒，也是交往深化的催化劑。不過切莫作過了頭，否則就難免有上面所說的不檢點、輕慢之嫌。我們可能都曾碰到過這樣的人，他不分場合，不擇對象，談話中一味插科打諢，俏皮話連篇，有時甚至在大庭廣眾之下，公然呼叫別人的綽號，開一些不適當的玩笑（例如以對方的身體缺陷為笑料），不僅引起當事者的反感，連在場的其他人也覺得難堪，不知如何收場。這樣怎能收到活躍氣氛、融洽關係的預期效果呢？因此，我們絕對不能把庸俗（甚至是惡俗）當成灑脫幽默，把肉麻當成好玩有趣。否則，這種所謂的「活潑」，就將變成人際交往失敗的陷阱。

說話有尺度，交往講分寸，辦事講策略，行為有節制，別人就很容易接納你、幫助你，尊重你的體面，滿足你的願望。反之你不懂分寸，說話冒失，舉止失體，不知厚薄，就會人人討厭，時時難過，事事難為，處處碰壁。

要贏得人們喜歡必須付出努力

在人際交往中，任何人都想給對方留下好的印象，建立好的人緣。當然，這主要有賴於得體的處世態度和處事原則。

在日常生活中，怎樣才能贏得好人緣，讓同事和朋友更喜歡你呢？下面是幾個基本的要訣。

一、始終守信用

守信用，是一種可敬可佩的美德。人們以講究信用來表達對別人的尊敬。然而，很多人對此不大介意，認為是小事一樁。當某人赴約遲到時，所有等著他（或她）的人都會認為這是一種無禮行為。除了嚴重的事故或者突然生病外，一般絕對不應該找其他藉口來為自己的遲到開脫。倘若確實是意想不到的事情發生了，比如：飛行被取消、汽車被偷、橋斷了等類似的情況，最好先打電話告知一下，你要遲到。守信用，是為你贏得好印象的首要因素，在生活中，你應努力恪守這個原則。

二、掌握記名字的竅門

人們經常說，人聽到的最甜美的聲音就是自己的名字。假如你付出了真誠的努力，你會對自己記名字的能力驚歎不已的。記名字有竅門，每個人都應下決心掌握這門藝術。大多數有關這種特殊記憶的方法建議，把名字與圖畫或者滑稽的聲音和習慣用語聯繫起來記，以便使大腦能不斷回想起正確的名字。一旦掌握了這種技巧，今後，你將會給人留下深刻的印象。

三、學習講演藝術

我們經常發現，不少商業和工業方面的重要領導人由於發表了準備不恰當或者草率的講話而降低了自己在觀眾中的威望。大多數講演者在講話時都會穿插一些幽默來激發聽眾的興趣。但是，要注意幽默佔用的時間和它的使用價值。

不要怕「偷竊」他人的有趣的東西。你可以從別人的祝詞和笑話書刊中汲取一些營養來補充你的講稿。只要經常留神，你會驚奇的發現，身邊的材料比比皆是。

四、謹慎擇友

事實上，你留給別人的印象，在很大程度上是受朋友影響的。俗話所說的「物以類聚」和「近墨者黑，近朱者赤」並不是毫無根據，而是非常有道理的。

比如說，假如你結交一些非常重要的和成功的朋友，別人就會想：「他一定有些才能和這些人結交的。」假如你的朋友都是失敗者，雖然這不會嚴重影響你留給別人的印象，但對你也不會有積極的幫助；不過，倘若在你的公司裡經常看到那些聲名狼藉的人，你的印象將會受到嚴重損害。你變換交友目標，是為了取得更好的印象（趨炎附勢是人所不齒的）。但是，千萬記住：你留給別人的印象好壞經常取決於你所交往的朋友。

五、保持健康的身體

一般來說，一個愛整潔漂亮的人給人的第一印象，比體重超常和不修邊幅的人要好。始終保持健美的體態具有很多重要的優勢。假如你身體健壯，你就有足夠的精力去運動，去駕車遊玩。從心理角度講，你就會得到更多的快樂和激情去與他人競爭。身體不健康的人的精力是有限的，他留給人的印象總是憔悴不堪。

六、學會表達不同的意見

雖然你不會贊成這種「好爭論印象」，但你應該知道，很多人喜歡辯論，他們由於善於表達不同的意見而成功的給別人留下了好的印象。

七、努力爭取好聲譽

你是否考慮過為什麼有的人名聲多年後仍為很多人銘記，而有的則漸漸走了下坡路，最終被人淡忘呢？若從「名譽印象」來考慮，這種現象就容易理解了。那些印象好的人所實現的理想當然比那些沒有贏得好印象的人多。

人的命運不是機遇和「出牌算命」所能決定的，每個人都可以主宰自己的命運，要做命運的主人，不能有僥倖心理。獲取友誼是改變自己命運的方法。

克服令人討厭的交往習慣和行為

人際關係的好壞，取決於主體、客體和情境三方面的因素。一個人如果在工作場合或社交場合沒人願意跟他交朋友，他肯定存在許多不良的交往行為，引不起他人的好感。以下的不良交往行為，都是必須努力克服的：

一、自高自大，以誇耀來掩飾自己的弱點

心理學家認為，一個人想得到而沒有辦法得到，又怕人看不起，就只好「打腫臉充胖子」。

例如，某些人經常挾名人以自重，常以「某某人是我的朋友」來抬高自己的身價。同時，自己取得了一點小成績就生怕別人不知道，不顧對方的感受，就海闊天空、手舞足蹈把自己誇個夠，這樣，往往會招致別人的厭煩。

二、經常打斷別人的話題，強行表達自己的意見

有些人具有強烈的說話慾望，不分場合和時間，也不管對方是否願意聽，逮著了機會就發表一番自己的觀點。尤其當別人談興正濃時，還沒有把意思表達清楚，就貿然打斷話題，朋友和同事討厭這樣的人也就是必然了。

三、喜歡訴苦

有的人喜歡一見到別人，話沒三句，便開始訴說自己生活如何苦悶，自己身體狀況如何如何，命運對自己如何不公平，抱怨家人、上司及別的同事，抱怨一切不如意。誰願意和一個喜歡抱怨的人在一起呢？本來很好的心情也會被攪壞，對付這種人最好的辦法，就是避而遠之了。

四、喜歡盤問別人

有的人對同事和朋友的事似乎懷有過分的興趣，別人的一切都追問個沒完。別人與這樣的人交談心裡總免不了緊張和不安。與別人相處，最好是對方想說你就聽著，對方不願告訴你，不要硬去問。每個人都有隱私權，我們要學會尊重對方的隱私權。

五、喜歡議論他人

喜歡說閒話、愛論人短長是嫉妒心強的表現。如果你在張三面前講李四的短處並揭露他的一些隱私，張三雖然嘴上不說，但心裡一定會想：「他在我面前議論他人，誰敢保證在別人面前議不議論我呢？看來，對他要提防點。」

「來說是非者，心是是非人。」所以，撥弄是非的人是十分令人討厭的。

六、經常扮演「萬事通」的角色

有的人事事充內行，喜歡扮演心理分析學家的角色，對任何人的言行都做出分析並亂扣帽子，好像自己知識如何淵博，經驗如何豐富一樣。

其實，一個人是不可能事事精通的，如果在某一個領域能取得成就已很不錯了。所以，在談話中，要勇於承認對某些事的無知，這不是什麼丟面子的事。相反，事事充內行的人才會令人討厭。

七、言語冷淡單調，缺乏熱情

有些人當同事訴說痛苦時，他不會為之悲痛；當對方需要他分享快樂時，他仍面無表情。誰願意和沒有感情的人交朋友呢？真正的朋友是能與你一起笑，與你一起哭，真正理解你的人。

八、習慣用責備的口氣談話

人人都有自尊心。人有地位高低之分，但人的人格是平等的。談話時動不動就怪罪他人，是最傷自尊心的事。也有人愛用責問的口氣糾正別人的錯誤，其用心也許是善意的，但在幫助別人之前先責問後解釋，猶如先給對方一耳光然後再塞塊糖，這樣的好心實在讓人接受不了。

九、小氣吝嗇，小心眼

有的人心胸狹窄，經常猜疑他人，容易為他人的一句話、一件事生悶氣，斤斤計較，有時甚至「無事生非」。別人明明為他做了一件好事，可是他卻老是從不好的方面去猜疑他人，似乎人家總是「別有用心」。和這種小心眼的人做朋友，真是令人勞神和緊張。

十、過分孤芳自賞

在有些人看來，人世間的一切都使人心煩，認為世人皆醉唯他獨醒，在行為習慣上無法理解和接受他人；處事時不與他人合作，將自己封閉起來，甚至認為，這才是不隨波逐流。其實，這種人把自己看得太好，認識上十分狹窄，不會主動用真摯的感情去贏得他人的理解，反而會怪罪別人不理解自己。這樣，只會使自己進一步陷入「孤家寡人」的境地。

有的人主觀上很想透過與人的交往使生活豐富多彩，但結果卻總是事與願違，總覺得他人不喜歡自己。所以，人際關係不好，首先要從自己身上找原因。

成功建立人際關係應奉行的原則

有人說：「三十歲以前靠專業賺錢，三十歲以後拿人緣賺錢。」可見人際關係的重要性。

在一家民調中心開展的關於「哪類因素對職業生涯影響最大」的一項調查問卷中，「個人能力」被大家公認為第一要素；其次有百分之三十的受訪者認為機遇起著決定性的作用；人際關係的因素被排在了第三位，有百分之十七的受訪者感受到了人際關係的重要性。

其實，這三樣並不矛盾，往往具有累積加倍的功效。如果你有能力，而且在能力之外還有良好的人際關係、人脈優勢，那麼結果往往是一分耕耘，數倍的收穫。

對於一般的人而言，建立人脈關係的基本原則都是一樣的，這些基本原則包括：

一、克服害羞的個性，建立自信

建立人脈最有效的方法就是主動認識別人，和對方談話。不要害怕被拒絕或是覺得不好意思。

建立人脈的目的是認識別人、取得信息，不是要求對方介紹工作給你，所以這樣的顧慮是不必要的。更不用擔心會引起對方的反感，沒有人會當面回絕認識新朋友的機會。

你可能因為不知如何與陌生人聊天而感到不自在，只要事先做好功課，想想最近有哪些熱門話題，或是，如果可能的話，事先瞭解對方的背景或相關資料，這樣就不用擔心無話可說。你可以設定具體的目標，例如每星期應該打幾通電話、有幾次會面、參加什麼樣的活動，要求自己一定要確實達到目標。此外，必須隨時記錄，定期追蹤成果。

建立自信心最有效的方法，就是從你最熟悉的人開始，訓練自己建立人脈的技巧。但是不要過度依賴親近的朋友，你必須不斷的擴展自己的人脈網絡，認識不同的人。

二、瞭解自己的溝通模式，截長補短

多瞭解自己，才能善用自己的優點，彌補自己的缺點。你是否喜歡遇到新的朋友？你喜歡參加社交活動嗎？在別人面前，你是否可以很有自信的談論自己的優缺點？你是不是比較喜歡採用電話或是信件的方式與人溝通？

根據一項調查，關於對方的說話內容，人們通常只記得百分之七，但如果是肢體語言的部分，比例則高達了百分之五十五。換句話說，面對面的溝通是最有效的。如果你過去習慣透過電話或是信件與人溝通，應該立刻改變方式。從另一個角度來看，外向的人可能會認識許多新的朋友，搜集到最多的名片；如果是內向的人，認識的新朋友可能不多，但是對於每一個人有較深入的認識。如果你很清楚自己的性格取向，便能有效發揮自己的優點，並且改進缺點。

三、人脈關係多元化，增加機會

不妨想一下，你所認識的人是否都和你很像？你們的背景是否很類似？對於很多事情的看法你們是否都很一致？如果你的回答是肯定的，可要注意了。這樣只會讓你的生活圈越來越狹小，機會越來越少。你應該接觸不同專業領域、不同成長背景、不同國籍、不同年齡層的人。你認識的人脈資源越多元，代表機會越多，或許可以因此找到新的生涯選擇。

另一方面，這也有助於個人的成長。當我們長期固定身處在某個領域當中，思考模式就會變得僵化而單一，習慣於現狀，變得不願意接受新的挑戰或是機會。在目前競爭激烈的環境中，一旦失去彈性，也就失去了優勢。認識不同背景的人，可以帶給你新的刺激、新的觀點，更加瞭解外在環境的變化，強化自己的調適能力。

四、確認人脈資源，有效管理名單

一般人的人脈關係可以分成以下三種類型：

1、個人網絡：包括你的家人與朋友，或是與你最親近的人。

2、社會網絡：你時常聯絡或是比較熟識的人；之前的同事或是主管；鄰居或是朋友認識的人；你的理財專員或是汽車業務員等。

3、專業網絡：例如專業協會、俱樂部、校友會等的組織。寫下你現有的人脈資源，包括以上提到的三種類型。回頭翻閱你的電話簿或是名片本，把所有你能想到的人全部都列出來。透過這份人脈資源名單，可以看出自己的人脈關係組合特性，瞭解哪些地方有所不足，必須加以改進。最後，再想想，哪些人未來有可能成為你的人脈資源，也把可能的名單列下來。

五、懂得聆聽，提供協助

人與人之間的關係必須是互惠的，雙方相互分享各自的想法與信息。你應該要主動找機會幫助別人。也許你個人無法解決對方的問題，但是你可以利用自己的人脈，向對方介紹其他人來解決問題。

注意聆聽對方要說的話，找出他們可能需要幫忙的地方。也許你可以幫助他們，或是引介其他人。不論這個人對你是否有實際的幫助，重要的原則是與人保持聯繫。建立人脈其實和朋友關係是一樣的，你必須像對待朋友一樣，以尊重而親切的態度對待人脈關係中的每一個人。不要期望對方一定要對你的幫助給予回饋。

六、隨身攜帶名片

名片是建立人脈最有效的工具之一。可別小看這張小小的名片，當中包含了許多有用的信息：你是誰？在哪工作？你的職務是什麼？你的聯絡方式？簡單的說，名片就等於是你個人的行銷檔案。

不要走向一個人，就立刻遞出名片，應該是在簡短的交談之後，再遞出名片。當然，如果是參加會議或是商業會面，應該在一開始時就遞出名片。

最好隨身攜帶兩個名片盒，一個裝自己的名片，另一個則用來裝收到的名片。這樣可以避免混淆，以免當你要遞出名片給對方時，卻拿出別人名片的尷尬場面。

如果你是個自由從業者，記得要為自己設計獨特的名片，包括版面設計、紙張、印刷品質，一定要突顯自己的特色，吸引對方的注意。千萬不要自己用雷射或噴墨印表機製作名片，最好還是花一點錢交給專業印刷廠製作。

名片的管理也很重要，除了利用名片本存放紙本名片，最好將所有名片的資料輸入電腦建檔，可以利用名片掃瞄軟體加快速度。不論是名片本或是電腦檔案，都必須依據自己的需要分門別類，方便日後的搜尋。

七、把建立人脈當作一個持續的過程

有些人以為建立人脈就是四處搜集名片，然後一一打電話向對方求一份工作或託辦一件事。建立人際關係不等同於求職，求職只是其中一個目的而已。人際關係的建立是一個持續的過程，也許這些人無法立即介紹工作機會或提供商機給你，但是保持聯絡就有機會。

經過第一次的接觸之後，記得利用電話或是電子郵件表達你的感謝，也可以寫一張謝卡給對方。感謝的同時，也要讓對方瞭解你會持續保持聯絡。

每一個偉大的成功者背後都有另外的贊助者。沒有人是自己一個人達到事業的頂峰的，假如你決心成為出類拔萃的人，千萬不能忽視人際關係。

努力克服私慾太盛、利令智昏的傾向

在生活中，關心自己，發展自己，實現自我，是每個人的追求，這沒有什麼值得非議的。一個人沒有私慾是不正常的，但有私慾而無度則更是不正常的。不損人利己，不損公肥私，這是最基本、最道德的私慾標準。

當自私自利者以「人不為己，天誅地滅」來為自己的自私行為進行辯護的時候，是極其荒謬的，他的所謂「為己」，是指為了自己而不顧別人，為了自己的利益而損害公共利益和他人利益。這種思想要不得。

我們總是在做我們內心想做的事情。從這個角度說，每個人都是自私的，但自私並不都那麼可怕——可怕的是私慾太盛，利令智昏，以損公肥私和損人利己為樂事；時時以自己為中心，在滿足一己之私的過程中，不惜損害公益事業，不惜妨害他人利益。這樣的人誰不怕？怕的時間長了，也就如同瘟疫一樣，人們避之唯恐不及；怕的人多了，也就如過街老鼠一樣，人人見之喊打。這樣的人即使偶爾從別人那裡多撈取一些利益，也不會從社會上獲得真正的幸福。

節制私慾與不節制私慾多數時候直接關係到人品的污潔和事業的成敗。一個人只要心中出現一點貪婪或私心雜念，他本來的剛直性格就會變得懦弱，聰明就會變得昏庸，慈悲就會變成殘酷。正因如此，古今中外的貪官都是在受賄之後，即變成由行賄者擺佈的可憐蟲。私慾過盛之人，沒有人願與之共事，因而永遠難成大器。世間小人，做事不擇手段，為世人所唾棄，往往就是因私慾所惑。

自私是對德行的背離。自私的人事事以自我為中心，他們考慮問題的出發點是「是否對自己有利」，並按只對自己最有利的方式去行動。自私的人為了獲取個人的私利而絞盡腦汁，但又千方百計企圖將自己的本意掩藏起來。他們察言觀色，經常揣度別人是否發現了自己的祕密。人們的閒聊，他也懷疑是在背後對他的議論。因此，這樣的人內心深處總是得不到安寧。所以，自私的人以病態的居多。

自私的人必定也是焦慮的人，因為他生活在焦慮之中，所以就絕不會自由。過於自私的人難以在社會上真正立足，難以獲得社會的認可，也難以在這個由人所組成的社會中得到大的發展。因為每一個人的發展都離不開別人的支持與合作。

我們每一個人都應該自覺克服自私這種壞的行為習慣，提升自己的理性，鍛鍊自己的意志，儘管和自私割裂是痛苦的過程，但是一個立志高遠的人，如果不能首先做到這一點，任何有價值的接近真善美的目標都是難以實現的，並且終將被自私所拖累。正如蘇洵所講的：「為一身謀則愚。」而且多私者必不義，到頭來不僅使自己一生美好的願望付諸東流，而且很可能自己搬的石頭，砸了自己的腳！

適當的給予，先滿足對方的需要

人際關係的深淺，決定著一個人的事業和前程。茫茫人海中的每一個人，無不希望自己能夠建立一個良好、廣闊的人際關係。而要擁有良好和廣闊的人際關係，就要遵循「欲先取之，必先予之」的原則。

處理人際關係的真諦就在於把握好取與捨的分寸，因為有捨才有得。為什麼先要給予呢？首先需要肯定的是，給予是真誠的體現，它是社會交往的基礎和核心，它顯然是打開人際關係大門的鑰匙。

生活中的大多數人，時時刻刻都是為自己的「我」打算的：加薪升職，這次為什麼沒有我？明天的聚會，為什麼不請我？如果每一個人都如此這般的想和做，那世界可就沒希望了。我們何不逆向思維，反其道而行之？先走一步，把對方先要「取」的，主動給予他呢？主動一些，先滿足對方的需要，無疑是建立雙方關係的重要一步。

給予的核心是捨。要給予對方，並為對方所接受，就要先捨去你的身分，平等的和他人交朋友；捨掉你的武裝和面具，向對方展示出你固有的真誠和友誼。希臘哲學家伯利克說過：「我們結交朋友的方法，是給他人好處。」當我們真的給他人恩惠時，我們不是因為我們的得失而這樣做，慷慨的給予，別人才會接受。

那麼，怎麼做才算「適當的給予」呢？下面幾點建議不可不知：

一、在交往中多瞭解和觀察對方的需求

美國的一家婦產科醫院中，同一病房內住著兩個待產的婦女瓊和安妮。瓊的丈夫是開花店的，他每次來探望總免不了給妻子送上一束鮮花。每到這個時候，安妮總是眼巴巴的看著，眼中露出羨慕的神色。因為這幾天來，沒有一個人看過她，就更不用說送花了。第五天，當丈夫送花來時，瓊接過花束走到安妮的床邊說：「這次是送給妳……」安妮驚喜後接過花來，滿含謝意的說了聲「謝謝」。

十年後，瓊的兒子被車禍奪去了性命，訃文發出後，瓊收到了一束輾轉郵送過來的鮮花，包裹的卡片上寫道：「與他同一天出生的孩子和生產的母親將永遠懷念他。」這時，她終於想起了安妮。最悲痛的時候，她曾經給予友情的人，也給予她心靈的撫慰，使她感覺到遠方還有一個親人。

在生活中，要多瞭解和觀察別人的需求，盡量去滿足對方，即使你得不到物質上回報，也會得到心靈上的滿足。

二、不吝嗇你的擁有

中山君一次設宴款待群臣吃羊肉湯，但他沒有請司馬子期到場。司馬子期在受到群臣的嘲諷後懷恨在心，說服楚國出兵攻打中山。中山君兵敗逃命，最後僅剩下兩個隨從，就問他們為何這般忠心耿耿。那兩個人說，他們的父親有一次快餓死時，是中山君捨飯救他，他臨終要他們以死來報答，因此他們來拚死相救。中山君聽後仰天長歎，說：「我因為一碗羊肉湯而亡國，又因為一碗飯而得到了兩個生死相許的勇士。」

在生活中，不吝嗇你的擁有，慷慨的對待別人，才能贏得別人的支持。

三、給予不僅限於錢財

社會生活中，一個人的物質擁有是有限的，侈談給予不就是空話嗎？不是的，給予的方式，有物質的、有精神的，也有舉手之勞就能辦成的，關鍵是看你為還是不為。

一年的冬季，紐約流行感冒，醫生護士忙得應接不暇，該市某俱樂部的一些會員，決定幫醫院一把。他們都是年過花甲的富人，捐幾個錢應該是不成問題的。但他們卻穿上工作服，到醫院照顧病人，打掃衛生，安慰病人，他們給予醫院的是積極參與的精神，給予病人的是戰勝病痛的勇氣。

人的能力有大小，只要有了熱心給予和助人的思想，就是一個高尚的人，一個熱情的人，一個精神充實的人，一個到處受歡迎的人。

吃些小虧如能換取主動權是很值得的

為了獲得的更多，人活一世首先必須忍耐，必須學會吃虧。就像拳擊一樣，一個輕拳都挨不了的人，是站在拳擊場以外的人；拳擊選手有特別耐打的鐵下巴，吃幾個輕拳根本不在乎，完全忍得住；而他的一記重拳往往能結束戰鬥或得高分。

在生活中，面對各種對手，不管對方的實力如何，總不要忘了保留實力的策略。拳擊選手孤注一擲的重拳一旦打空，便很難全身而退了。要為自己留有餘地，一舉成功的事畢竟不常有。

古今中外的戰史，我們如果仔細研究，將會發現，善戰者不管己方實力如何，敵方虛實如何，交戰之前，多半為戰敗之後的撤退預想退路。這並非是對勝利沒有信心，或長敵人志氣，而是保留實力應有的謀略。勝敗是兵家常事，唯有知所進退，方為大智。

有一年，香港政府財政拮据，又不好意思借錢，便想出了一條辦法：拍賣中環海邊康樂大廈所在的那塊土地。這塊地皮面積大，屬於黃金地帶，是一定有大錢可賺的地方。消息傳出後，有錢的人紛紛披掛上陣，就連遠在海外的富翁們也都趕來參加投標。一時之間，香港碼頭、機場人滿為患，飯店老闆個個喜上眉梢。

不過看戲者雖多，演戲的就那麼幾個，真正打這塊地皮主意的，在香港只有李嘉誠的長江實業有限公司和英國的「置地公司」。香港政府為了肥水不外流，有意讓這兩家中的一個獲勝，採取了暗中投標的方式，讓大家均不知道別人所投價格為多少——像小姐拋繡球一樣，人人都覺得繡球往自己這兒來，可是人人又覺得全不是這麼一回事。

李嘉誠內心盤算：地皮雖好，也要有個適當的價位，否則買回來也是蝕本；而「置地公司」必然拚命爭取，以挽回前幾次敗北丟下的老面子。李嘉誠報上了自己的出價：二十八億港幣。「置地公司」底氣不足卻要打腫臉充胖子，又猜想李嘉誠必然拚死抬價，於是豁出了老命，報出四十二億港幣的價格。

結果當然是置地公司獲勝。正當置地公司上下舉杯慶賀時，打聽消息的人員回來報告說，李嘉誠的報價比他們少十四億港幣，頓時一個個臉色大變，總裁也驚得酒杯掉在地上。

李嘉誠精打細算，忍住了黃金地段的巨大誘惑，果斷的全身而退，把燙手的山芋甩給了置地公司。表面上好像是輸了，而實際上卻避免了財務方面的巨大損失。如果忍不住誘惑，把自家資金全力押上，得到「賠本賺吆喝」的結局，又有什麼意義呢？這種及時退一步抽身的做法是非常高明的。

在交際中，此招通用無阻，比方說你遭到圍攻時，如果對方勢力比較強大，問題不能正面解決時，則可以採取迂迴的策略，以先退一步的方法，再尋求進兩步，最終戰勝對方。

我們的人生是由一連串大大小小的決定和選擇銜接而成的。人所做的每個決定，主要是依據權衡得失的結果。然而很多人往往見便宜就想得，生怕自己吃虧，這樣一來使自己的路越來越窄，也很難得到大便宜。

從客觀的角度說，一個人只要願意吃小虧、勇於吃小虧，不去事事佔便宜、討好處，日後必有大「便宜」可得，也必成「正果」。相反，要想「佔大便宜」，則必須能夠吃小虧、敢於吃小虧，這甚至可以說是一種規律。那種事事要佔便宜、不願吃虧的人，到頭來反而會吃大虧，這也是為許多歷史經驗和先人故事所證明的。

就拿鄰居相處這個我們常常遇到的事來說，人與人之間沒了成見，彼此和睦的時候，雞毛蒜皮之事，大家可以付之一笑。而一旦有了成見之後，言者無心，聽者有意，簡直是風聲鶴唳、草木皆兵。對方關門重了，咳嗽的聲音大了，洗衣服的水流過來了，往往都是惹你生氣的根源，因為你會把這些事統統看作是故意的。

鄰居相處，小小的誤會在所難免，但千萬別憑一時意氣，開啟了爭端。爭吵一旦開始，以後就處處都是吵架的理由，結果就會鬧得雞犬不寧，成為生活上的一大威脅。遇事忍一口氣，就能大事化小，小事化了。忍耐一時並不難，而且以後的好處是無窮的。

「吃虧佔便宜」初聽起來似乎是有些勸導的意思，可如果鄰里之間互相謙讓，都捨得吃點小虧，維持了大好的生活環境，又何樂而不為呢？

我們不能想當然的把「出重拳」、「佔大便宜」看成一種狹隘的整治別人、復仇打擊，這不是強者的得失觀。但對於那些蠻橫無理的人，瞅準機會狠狠的教訓他們一頓，對他們也有好處。

這裡強調了一種更高一級的勝利策略，因為我們不可能事事爭強。所以，我們可以主動的吃上幾個輕拳，而把出重拳的主動權抓在自己手裡。人更多的時候要面帶善意，一味的黑著臉去重拳打人是不足取的。

因為，這種放棄、讓步、「吃小虧」，往往並不一定是為了達到某一個更高的目標，而常常是出於另一種原因，一種預測到、也瞭解到自己不可能獲得自己希望獲得的機會和利益的明智。既然如此，我們又何必煞費苦心的去爭、去比、去要呢？因為不懂得這樣做的人，表面上看，可能爭到了他碰到的各種機會，但實際上由於他完全陷於已有的機會中，反而失去後來的各種機會的選擇。相反，能吃小虧的人則始終把這種主動權操在自己手中，儘管失去了一些機會，但也無妨大事。我們反正是要失去一些的，那麼，把這種必然性的東西駕馭在自己的主動權之下，豈不是更好嗎？這本身就已經是佔了大便宜。

必要時，以自己所能來滿足他人欲求

春天播種，秋天才能夠收穫；大膽投資，才能獲得利潤回報。在獲得之前，先要無私的付出。懂得這一原則的人，在生活中才能左右逢源，無往不利。

有一個人在沙漠行走了兩天，途中遇到沙風暴。一陣狂沙吹過之後，他已認不得正確的方向。正當快撐不住時，突然，他發現了一幢廢棄的小屋，拖著疲憊的身子走進了屋內。這是一間不通風的小屋子，裡面堆了一些枯朽的木柴。他幾近絕望的走到屋角，卻意外的發現了一架抽水機。

他興奮的上前汲水，但任憑他怎麼抽水，也抽不出半滴來。他頹然坐地，卻看見抽水機旁，有一個用軟木塞堵住瓶口的小瓶子，瓶上貼了一張泛黃的紙條，紙條上寫著：「你必須用水灌入抽水機才能引水！不要忘了，在你離開前，請再將水裝滿！」

他拔開瓶塞，發現瓶子裡，果然裝滿了水！

他的內心，此時開始交戰著：如果自私點，只要將瓶子裡的水喝掉，他就不會渴死，就能活著走出這片沙漠！如果照紙條做，把瓶子裡僅有的水，倒入抽水機內，萬一水一去不回，他就會渴死在這地方了——到底要不要冒險？

最後，他決定把瓶子裡僅有的水，全部灌入看起來破舊不堪的抽水機裡。他以顫抖的手汲水，水真的大量湧了出來！

他喝飽水後，把瓶子裝滿水，用軟木塞封好，然後在原來那張紙條後面，再加他自己的話：「相信我，真的有用。在取得之前，要先學會付出。」

趙先生既沒有學歷，也沒有金錢，更沒有人事背景，但是他卻能成為一個成功的企業家。他到底是如何成功的呢？

因為他是一個聰明人，一個很會體貼他人的人，他對周圍人的體貼，甚至超過了別人的需求。只要你說要去他那裡拜訪，他都會萬分歡迎你去，希望你能住幾天，無論是他手頭多麼的拮据，內心多麼的苦惱，他都好像隨時在等你的來臨，竭誠的來接待你，甚至在你回去的時候，還要讓你帶些小禮物、土產之類的回家。

無論是多麼的忙碌，他都不會表現出你的來訪對他會是一種麻煩困擾。朋友問他何以如此，他說：「像我這樣一無所有的人，如果要與別人來往，就不能不令對方感到和我來往，會得到某些方面的愉快與益處。」

事實上，以前的他，既沒有學歷，又沒有金錢，更沒有背景，一定是孤獨的，別人都不想理他、與他往來。他是一直忍耐著寂寞的人生而努力奮鬥，度過那段日子。而他也就在其中學到了與人交往之道，就是給別人某些方面的利益。

所謂「某些方面的利益」，有時是精神方面，有時是物質方面，總之，別人得不到益處，是不會來主動接觸你的。

另外一個例子，是出身名門的「富家子弟」，他也想能成功的做出某些事情來。但是，當他與別人來往的時候，他首先就會考慮這個人對自己有何利用的價值。也許與這個人交往，以後向銀行貸款時，會比較容易；也許與這個人做朋友，他會教給自己致富之道；也許這個人會將土地廉價出售給我；也許會將辦公室借給我。他就是如此這般，對周圍的人懷著期待之心，認為與自己接觸的人，都會帶給自己某些利益。

這兩個人分別代表了兩種不同的處世方式，他們與人交往時的態度，實在是南轅北轍，完全不同：一個是奉獻給別人某方面的利益；另一個則是認為與自己來往的人，可能會帶給自己某方面的利益。我們與周圍朋友相處時要像第一位一樣，才稱得上聰明。

讚美是贏得別人喜歡的一大法寶

哈佛大學知名心理學家威廉・詹姆斯指出：「事實上，不只演員需要鼓掌。如果沒有讚揚和鼓勵，任何人都會喪失自信。可以這樣說，我們大家都有一種雙重需要，即被別人稱讚和去稱讚別人。」

百老匯的一位喜劇演員有一次做了個夢：自己在一個座無虛席的劇院為成千的觀眾表演——講笑話、唱歌，可是全場竟沒有一個人發出會意的笑聲和鼓掌。「即使一個星期能賺上十萬美元。」他說：「這種生活也如同下地獄一般。」

讚揚他人是一種藝術，不但需要合適的方式加以表達，而且還要有洞察力和創造性。

一位舉止優雅的婦女對一個朋友說：「你今天晚上的演講太精彩了。我情不自禁的想，你當一名律師該會是多麼出色。」這位朋友聽了這意想不到的評語後，像小學生似的紅了臉。正如安德烈．毛雷斯曾經說過的：「當我談論一個將軍的勝利時，他並沒有感謝我。但當一位女士提到他眼睛裡的光彩時，他表露出無限的感激。」

沒有人會不被真心誠意的讚賞所觸動。哈佛大學弗爾帕斯教授經歷過這樣一件事。

有一年夏天，天氣又悶又熱，他走進擁擠的列車餐車去吃午飯，在服務生遞給他菜單的時候，他說：「今天那些在爐子邊燒菜的小伙子一定是夠受的了。」

那位服務生聽了後吃驚的看著他說：「上這兒來的人不是抱怨這裡的食物，便是指責這裡的服務，要不就是因為車廂內悶熱大發牢騷。十九年來，你是第一個對我們表示同情的人。」

弗爾帕斯得出結論說：「人們所需要的，是一點作為人所應享有的關注。」在這種關注之中，真誠是最為重要的。因為只有真誠才能使贊語具有效力。父親勞累了一天後回家，當他看到自己的孩子將臉貼著窗子正在等待和注視著自己的時候，便會感到自己的靈魂沐浴在這甜蜜的甘露之中。

誇獎別人最忌諱的是，用不具誠意的態度說出敷衍的話。例如，你看到你的女友今天穿了一件新衣服，你只說了句：「妳的衣服很好看。」那是完全不夠的，你不妨加上：「這衣服配妳的膚色非常好看！」「妳買這種衣服真是有眼光！」等等隨興發揮的話，那一定會把你的女友逗得心懷大暢，並且柔順得像隻小貓。

美國著名的歌舞劇家齊格飛因為能夠使一個平庸的女子變得光彩奪目而出名。他屢次把人們不願意多看一眼、很不出色的女子，改變成在舞台上神祕誘人的尤物。

齊格飛很實際，他增加歌女們的薪酬，從每星期三十美元到一百七十五美元。他也重義氣，在福利斯歌舞劇開幕之夜，他發出賀電給劇中明星，並且贈予每一個表演的歌女一朵美麗的玫瑰花。

當年，「愛爾法利特．倫脫」在「維也納的重合」劇中擔任主角的時候，曾經這樣說過：「我最需要的東西，是我自尊的滋養。」

我們照顧了孩子、朋友，以及員工們體內所需要的營養，可是我們給他們自尊上所需要的營養卻又何等稀少；我們給了他們牛排、馬鈴薯等的食物，培植他們的體力，可是忽略了給他們讚賞，和那些溫和的言語。

有些人可能會這樣說：「這是老套，恭維、阿諛、拍馬屁，我都已嘗試過那些了，一點也沒用，這些對受過教育的知識分子是沒有用的。」當然，拍馬屁那一套，是騙不了明白人的。那是膚淺、自私、虛偽的，那應該失敗，而且經常要失敗。可是，生活中太多的人對於讚賞——出於內心的讚賞，簡直太需要了。

在這裡必須指出的是：讚賞和諂媚是有本質區別的。讚賞是出於真誠，而諂媚是虛偽的；一個出於內心，一個出於嘴裡；一個是不自私的，一個是自私的；一個是為人們所欽佩的，一個是令人不恥的。

如果我們所要做的，就是用恭維、諂媚去待人，那麼任何人都可以學會，都可以成為「人類關係學」的專家了。當我們不在思考某種確定的問題時，常用我們百分之九十五的時間去思考自己。而現在如果停止一刻不去想我們自己，開始想想別人的優點，我們就不必措辭卑賤、虛偽，在話未說出口時，已可以發覺是錯誤的諂媚了。

要學會停止思考我們自己的成就和需要，去研究別人的優點，把對人的恭維、諂媚忘掉，給予人由衷、誠懇的讚賞。只有對別人獻出你真實、誠懇的讚賞，才是真正贏得別人好感的真諦。愛默生說：「凡我所遇到的人，都有勝過我的地方，我就學他那些好的地方。」愛默生這樣的見解，是非常正確並值得我們所重視的。

有時不妨適當放下自己的面子

在某些時間、場所，我們確實不能坦然對他人說出禮貌性的讚美。在這種情況下，不妨換個對象來表達，效果是同等的，甚至會遠超所期望的效果。這個訣竅就是「貶低自己」。

大家都玩過翹翹板吧？如果一邊貼地，翹翹板的另一邊必定是蕩在高空。這種「翹翹板原理」同樣也能應用在人際關係上。亦即適時的貶低自己，將能相對的捧高對方。即使是「不擅言辭」或「不擅於稱讚」的人，也能輕而易舉的使用這種方法，達到高捧他人的目的。

進一步說，如果對他人採取輕視的態度，這對自己絕無半點好處。因為你刺傷他的自尊心，他會在極自然的情況下對你產生敵意。影響所至，你的人際關係必定一落千丈，連帶造成你事業發展的不順。

比方說，當我們參加某商店的開幕典禮時，即使那是一家不怎麼樣的商店，我們也要依場合不同來為剪綵活動增添一些喜氣。我們可以貶低自己，捧高對方說：「這店面看起來真不錯，室內的裝潢也很考究。不像我經營的那家店，門沒做好，窗戶也是一大一小的。」這樣將對方和自己作具體的比較，並技巧性的批評自己略遜對方一籌，對方將因被人高捧而興起優越感，而他心中的舒坦自是不言可喻。

相反的，如果以輕視的口吻對主人說：「店面的櫃檯再寬一點會比較好。你們下次整修時可要記住！」

當對方在自己商店的開幕典禮上，聽到這樣毫不客氣的批評，一定會大感不悅，從此對你產生敵意，這就是不諳人情世故所要承受的惡果。

日本有位國會議員，常對別人說：「我僅有小學畢業的水平。」但是，他實際上卻擁有高學歷，他之所以貶低自己，無非是要給予別人在心理上的平衡感，讓別人覺得輕鬆。我們不妨利用這「貶低自己」的訣竅，來捧高對方的地位，達到感情投資的目標，如此，成功便離你不遠。

有個貶低自己、高捧他人的人際關係竅門，下面就是個真實案例。

在某一年的年底，日本一家電視台為了要製作迎新晚會，邀請具有知名度的演藝人員齊聚一堂。當時攝影棚裡準備了一桌美味的佳餚，背景也佈置得富麗堂皇，節目的性質雖是年節的慶祝會，但每位演藝人員卻因心中的緊張而個個面色沉重，攝影棚也凝聚了一股嚴肅的氣氛。

就在大夥兒面面相覷的時刻，橘家圓藏師父突然擺出一副老天真的模樣，竟然吃起擺在桌上的菜餚，還津津有味的說：「啊！真好吃。各位，我先用啦！」大家看到師父這樣有趣的表現，每個人都放鬆了心情，嚴肅的氣氛也頓時消融。那天的錄影就這樣順利完成。

脫口秀表演者橘家圓藏師父，他貶低自己，把自己當個傻瓜來改善所有人的心情，這要有相當的智慧才做得出來。

在一家酒店裡，正在為員工們舉辦年末尾牙，邀請員工眷屬共同參與，將員工們的先生、太太、孩子齊聚一堂，共享大家一年下來同心協力的成果。

然而在這種大眾齊聚的場合裡，平日談笑風生的男女服務生卻禁口無言，個個緊張萬分。就在眾人情緒不對勁的時候，有一位男性員工勇敢的站起來跟大家打哈哈，企圖軟化僵硬的氣氛，他笑嘻嘻的對著群眾述說自己昔日的失戀經驗，炒股票賠了不少錢，以及在家中挨了老婆的責罵等故事。當眾人聽到這位男性員工親身經歷的失敗故事後，整個會場的氣氛便開始熱絡起來。

或許有人仍會認為實在沒有勇氣做出這種事。沒關係，對於比較害羞的人，還有一個相當不錯的高捧他人技巧。

舉個例子來說，與他人初次晤面時，在雙方互相不瞭解的情況下，彼此心中可能都會提高警覺，談話也總是不夠起勁，因此常會發生「嗯！嗯！」這種尷尬又不自在的附和性對話。這時，不妨以自己的失敗經驗當作話題。即使是不擅高捧他人的人，也能因此達到貶低自己高捧他人的效果。

當你聽到對方說：「我前天做了一件丟臉的事情。」想必你會浮現微笑，心情輕鬆的聽他繼續說下去。沒錯，就是要適時的靠談自己的失敗經驗來貶低自己而高捧對方，令對方的心防撤離，而轉向你這一方，如此才能隨心所欲的盡興談話。

炫耀自己僅會引起別人的反感，而談及自己的失敗經驗，不但會增

PART 4

處世要留有餘地，追求雙贏

強對方的自尊心，更能因此打開對方的心扉，讓他坦然的接受你。

放下面子，先貶低自己再與他人談話，其實是贏得他人歡欣和喜愛的聰明策略。

永續圖書線上購物網 讀品文化事業有限公司

WWW.foreverbooks.com.tw yungjiuh@ms45.hinet.net

全方位學習 72

面對不愉快，你可以選擇一笑置之

編　　著　鄭雅方
出 版 者　讀品文化事業有限公司
執行編輯　林秀如
美術編輯　林鈺恆
內文排版　姚恩涵

總 經 銷　永續圖書有限公司
TEL／(02)86473663
FAX／(02)86473660
劃撥帳號　18669219
地　　址　22103 新北市汐止區大同路三段 194 號 9 樓之 1
TEL／(02)86473663
FAX／(02)86473660
出 版 日　2019年07月

法律顧問　方圓法律事務所 涂成樞律師
CVS代理　美璟文化有限公司
TEL／(02)27239968
FAX／(02)27239668

版權所有，任何形式之翻印，均屬侵權行為

Printed Taiwan, 2019 All Rights Reserved

國家圖書館出版品預行編目資料

面對不愉快,你可以選擇一笑置之 / 鄭雅方編著.
-- 初版. -- 新北市 : 讀品文化, 民108.07
面 ; 公分. -- (全方位學習系列 ; 72)
ISBN 978-986-453-101-1(平裝)
1.成功法 2.自我實現
177.2 108007802

面對不愉快，你可以選擇一笑置之 （讀品讀者回函卡）

■ 謝謝您購買本書，請詳細填寫本卡各欄後寄回，我們每月將抽選一百名回函讀者寄出精美禮物，並享有生日當月購書優惠！
想知道更多更即時的消息，請搜尋"永續圖書粉絲團"

■ 您也可以使用傳真或是掃描圖檔寄回公司信箱，謝謝。
傳真電話：（02）8647-3660　信箱：yungjiuh@ms45.hinet.net

◆ 姓名：＿＿＿＿　□男　□女　□單身　□已婚

◆ 生日：＿＿＿＿　□非會員　□已是會員

◆ E-Mail：＿＿＿＿　電話：（　）＿＿＿＿

◆ 地址：＿＿＿＿

◆ 學歷：□高中及以下　□專科或大學　□研究所以上　□其他＿＿＿＿

◆ 職業：□學生　□資訊　□製造　□行銷　□服務　□金融
□傳播　□公教　□軍警　□自由　□家管　□其他＿＿＿＿

◆ 閱讀嗜好：□兩性　□心理　□勵志　□傳記　□文學　□健康
□財經　□企管　□行銷　□休閒　□小說　□其他＿＿＿＿

◆ 您平均一年購書：□ 5本以下　□ 6～10本　□ 11～20
□ 21～30本以下　□ 30本以上

◆ 購買此書的金額：＿＿＿＿

◆ 購自：＿＿＿＿市(縣)
□連鎖書店　□一般書局　□量販店　□超商　□書展
□郵購　□網路訂購　□其他＿＿＿＿

◆ 您購買此書的原因：□書名　□作者　□內容　□封面
□版面設計　□其他＿＿＿＿

◆ 建議改進：□內容　□封面　□版面設計　□其他＿＿＿＿

您的建議：

剪下後傳真、掃描或寄回至「22103新北市汐止區大同路三段194號9樓之1讀品文化收」

廣　告　回　信
基隆郵局登記證
基隆廣字第 55 號

2 2 1-0 3

新北市汐止區大同路三段 194 號 9 樓之 1

讀品文化事業有限公司　　收

電話/(02)8647-3663 傳真/(02)8647-3660

劃撥帳號/18669219 永續圖書有限公司

請沿此虛線對折免貼郵票或以傳真、掃描方式寄回本公司，謝謝！

讀好書品嘗人生的美味

面對不愉快，
你可以選擇一笑置之